과학같이
국어하고,

초등
사고력 플러스

사회같이
수학하자!

과학같이 국어하고, 사회같이 수학하자!
초등 사고력 플러스

초판 1쇄 발행 2024년 3월 20일
글쓴이 안소영, 서원호 　그린이 홍하나

펴낸이 이영선
편집 이일규 김선정 김문정 김종훈 이민재 이현정
디자인 김회량 위수연
독자본부 김일신 손미경 정혜영 김연수 김민수 박정래 김인환

펴낸곳 파란자전거 　**출판등록** 1999년 9월 17일(제406-2005-000048호)
주소 경기도 파주시 광인사길 217(파주출판도시) 　**전화** (031)955-7470 　**팩스** (031)955-7469
홈페이지 www.paja.co.kr 　**이메일** booksea21@hanmail.net

ⓒ 안소영·서원호·홍하나, 2024
ISBN 979-11-92308-49-4 73300

파란자전거는 도서출판 서해문집의 어린이 책 브랜드입니다. 페달을 밟아야 똑바로 나아가는 자전거처럼 파란자전거는 어린이와 청소년이 혼자 힘으로도 바르게 설 수 있도록 도와줍니다.

어린이제품안전특별법에 의한 제품 표시
제조자명 파란자전거 　**제조년월** 2024년 3월 　**제조국** 대한민국 　**사용연령** 9세 이상 어린이 제품
▲ **주의** 책의 모서리가 날카로우니 던지거나 떨어뜨려 다치지 않도록 주의하세요.
KC 마크는 이 제품이 공통안전기준에 적합하였음을 의미합니다.

글쓴이의 말

숲을 보는 **융합적 사고**로 조화로운 **삶**에 대한 가치를 배워요!

　점심시간에 아이들이 옹기종기 모여 있기에 무얼 하는지 궁금해서 살짝 엿보았어요. 아이들은 줄지어 가는 개미를 보고 있었어요. 그런데 개미 한 마리가 돌 때문에 앞으로 가지 못하고 이리저리 헤매고 있었죠. 한 아이가 돌을 치워 주자 개미는 다시 다른 개미들을 따라 땅속으로 들어갔어요. 아이는 개미가 길을 못 찾을까 봐 걱정되어 돌을 치웠을 거예요. 개미가 우왕좌왕하는 행동을 보고 말이에요.

　'소통'은 나와 상대방이 마음과 생각을 나누는 과정이라고 할 수 있어요. 꼭 말이 통하지 않아도 표정이나 행동으로도 서로 소통할 수 있죠. 새로운 지식과 정보를 주고받거나 고민거리를 나누며 위로하고 위로받는 일도 소통이에요. 서로 다른 의견을 한데 모으고, 하나로 모인 의견을 지키기로 약속하고, 더 나은 의견으로 새롭게 발전시켜 나가는 일도 소통에서 출발하죠. 소통이라는 과정을 통해 공동체를 구성하는 구성원은 자신이 중요한 역할을 하고 있다는 자존감을 단단하게 다져 가기도 합니다. 교통과 통신이 발달하면서 점점 복잡해지는 현대 사회에서는 나와 생각이 다른 사람과 잘 소통하며 정보를 공유하고 함께 어울려 사는 일이 매우 중요해요. 오프라인 세상뿐만 아니라 온라인 세상까지 생활 공간이 확장되어 더욱 다양한 생각이 오가는 시대니까요. 과거처럼 단편적인 정보만으로는 지금을 살아가기 무척 어려워요.

요즘은 온라인 세상에서 전 세계 뉴스를 실시간으로 보고 들으며, 세계 각지의 물건을 안방에서 클릭 한 번으로 손쉽게 살 수 있어요. 또 전 세계에서 온라인에 게시되는 영상, 음악, 게임으로 여가를 즐기고 자신이 만든 창작물을 실시간으로 전 세계 사람들에게 선보일 수도 있죠. 그런데 편리하기만 할 듯한 온라인 세상에서 여러 문제가 발생하고 있어요. 내가 보고 싶은 면만 보고 진실이라고 믿는가 하면, 다른 사람의 의견을 비방하고, 가짜 뉴스를 퍼뜨리기도 해요. 우리 삶은 온라인

속 세상에만 있지 않아요. 다양한 경험을 하면서 건강한 균형 감각을 길러 온라인 속 세상과 온라인 밖 세상을 지혜롭게 헤쳐 나갈 수 있어야 합니다.

    이때 무엇보다 중요한 것이 다양한 정보와 지식을 잘 엮어 통합적으로 사고하면서 조화롭게 생각을 잇는 융합적 사고력이에요. 융합적 사고는 나무 한 그루보다 숲 전체를 보는 넓은 시각으로 생각하는 힘을 기르는 능력이에요. 어떤 종류의 나무가 있는지, 나무가 잘 크려면 어떻게 가꾸어야 하는지, 나무는 자연과 인간에게 어떤 이로움을 주는지, 우리에게 나무는 어떤 의미인지, 우리는 나무와 어떻게 조화롭게 살 수 있는지 등 나무 하나에서 비롯한 생각이 숲으로 사고를 확장하고, 나아가 인간과 자연의 조화로운 삶에 대한 가치를 생각하는 데까지 닿는 것이 바로 융합적 사고입니다.

    2024년부터 학년별로 순차적 적용되는 2022년 초등 개정 교육 과정에서 강조하는 점은 '협력'이에요. 현대 사회에서 발생하는 사회 문제를 해결하기 위해 가장 필요한 덕목이라고 보고 있죠. 이에 학생의 삶과 연계한 깊이 있는 학습을 통해 융합적으로 생각하는 힘을 기르도록 '교과 간 연계와 통합'이라는 방향을 제시하고 있답니다.

《초등 사고력 플러스》는 여러분이 스스로 문제를 발견하고, 문제 해결 과정을 고민하고, 나아가 그 문제가 우리 삶 속 다양한 문제와 어떤 식으로 관련을 맺는지 융합적으로 사고하는 데 도움을 줍니다. 우리가 생활하면서 쉽게 접하는 과학 현상과 사회 쟁점을 중심으로 구성한 열 가지 주제를 여러 교과와 연계하고 통합해서 생각함으로써 다양한 관점으로 사회를 바라볼 수 있죠. 이 책을 읽다 보면 작은 궁금증으로 시작한 생각이 더 넓어지고 깊어지면서 학교에서 배운 각각의 교과 지식을 다양한 시각으로 탐구할 수 있게 됩니다. 나아가 내 삶과 어떻게 조화롭게 연결할 수 있을지 새로운 생각의 스위치를 켤 수 있을 거예요.

2024년 2월
안소영, 서원호

차례

글쓴이의 말
숲을 보는 **융합적 사고**로
조화로운 **삶**에 대한 가치를 배워요! • 4

① 소통과 배려

마음을 읽을 수 있을까?
- 과학 동물의 마음은 어떻게 알까요? • 15
- 창의적 체험활동 동물과 함께하는 직업이 궁금해! • 22
- 도덕 친구, 가족과 마음을 나눠요 • 25

  두근두근 체험놀이터
  ✦ 소리로 동물 표현하기 • 30
  ✦ 동물로 감정 이모티콘 만들기 • 31

② 역할과 자존감

쓸모없는 풀은 없다
- 국어 봄을 먹고 봄 이름을 불러요 • 35
- 과학 식물은 한 해 동안 어떻게 살아갈까요? • 41
- 도덕 생명은 모두 특별하고 소중해요 • 50

  두근두근 체험놀이터
  ✦ 나만의 초충도로 새 친구 만들기 • 52

③ 환경 보호

물의 변신은 **무죄**

- **과학** 물질은 어떻게 변신할까요? · 57
- **도덕** 물을 아껴 쓰고 환경을 보호해요 · 64
- **도덕** 남태평양 작은 섬나라, 투발루가 위험해! · 69

    두근두근 체험놀이터
    - ✦ 세상에 단 하나뿐인 말랑이 장난감 · 70
    - ✦ 물 절약 일기 쓰기 · 72

④ 재난 안전

위험에 대비하자

- **국어** 생명을 구하는 긴급 재난 문자 · 77
- **수학** 어떤 구조물이 가장 튼튼할까요? · 82
- **과학** 백두산이 폭발한다면? · 87

    두근두근 체험놀이터
    - ✦ 재난 안내는 알기 쉽게 · 93
    - ✦ 튼튼한 트러스 구조 만들기 · 95

⑤ 재활용

플라스틱의 두 **얼굴**

- **과학** 혼합물을 어떻게 분리할까요? · 99
- **도덕** 환경을 보호하는 작은 실천 · 107

    두근두근 체험놀이터
    - ✦ 우유갑으로 재생 종이 만들기 · 113
    - ✦ 지구를 지키는 영웅, 나야 나! · 115

직접 본 것, 모두 사실일까?
- 과학 사각지대에 속지 않는 법 · 119
- 수학 관점을 넓히는 시야 각도 · 122
- 사회 다양한 세상 존중하기 · 123
  - 두근두근 체험놀이터
    - ✦ 편견 없는 픽토그램 만들기 · 129

멋진 누리꾼
- 사회 다양한 방법으로 소통해요 · 133
- 과학 자석으로 전화기를 만들었다고요? · 142
  - 두근두근 체험놀이터
    - ✦ 그림 문자로 편지 쓰기 · 145
    - ✦ 모스 부호로 암호 만들기 · 147

방구석 세계 여행
- 과학 생명으로 가득한 푸른 구슬 · 151
- 사회 함께 살아가는 지구촌 공동체 · 155
  - 두근두근 체험놀이터
    - ✦ 요리 쏙 조리 쏙 켄다마 만들기 · 164
    - ✦ 국제 수화를 배워 몸으로 노래를 불러요 · 166

나는 **장보기 달인**

- **사회** 우리 모두를 위한 착한 무역 · 169
- **수학** 공정한 측정 기준을 어떻게 만들까요? · 176

　　　두근두근 체험놀이터
　　　✦ 지구 환경을 위한 아나바다 실천 · 183

마음을 움직이는 **소리**

- **과학** 소리는 어떤 작용을 할까요? · 187
- **사회** 층간 소음을 줄여요 · 193
- **음악** 마음을 편안하게 만드는 백색 소음 · 196

　　　두근두근 체험놀이터
　　　✦ 눈에 보이는 소리 · 197
　　　✦ 층간 소음 줄이기 캠페인 · 198

마음을 읽을 수 있을까?

1 소통과 배려

동물의 마음은 어떻게 알까요?

친구, 가족과 마음을 나눠요

예의 없이 말대꾸하는 걱정이 한가득!

3-1 과학　동물의 한살이
3-2 과학　동물의 생활
3학년 도덕　나와 너 우리 함께
　　　　　　사랑이 가득한 우리 집
창의적 체험활동(진로)　동물의 마음을 읽는 직업을 알아봐요
3, 4학년 음악　동물의 특징을 표현한 음악 감상 및 창작
5, 6학년 미술　동물의 특징 표현과 창작

소통 방법을 중심으로 동물의 한살이와
동물의 특징을 이해할 수 있다.

동물의 생태와 관련한 글을 읽고 동물의
생태를 이해할 수 있다.

반려동물과 관련된 직업에 대해 알아보고,
반려동물과 소통하는 능력을 기를 수 있다.

친구 사귀는 방법, 친구 사이의 문제 해결
방법을 알고, 우정을 나눌 수 있다.

가족 문제를 해결하는 방법을 알고,
행복한 가정을 위해 노력할 수 있다.

동물을 표현한 악기를 이해하고,
주제 가락의 동물을 신체로 표현할 수 있다.

동물의 생태를 생각하며 동물의 마음(느낌)이
드러나게 그림으로 그릴 수 있다.

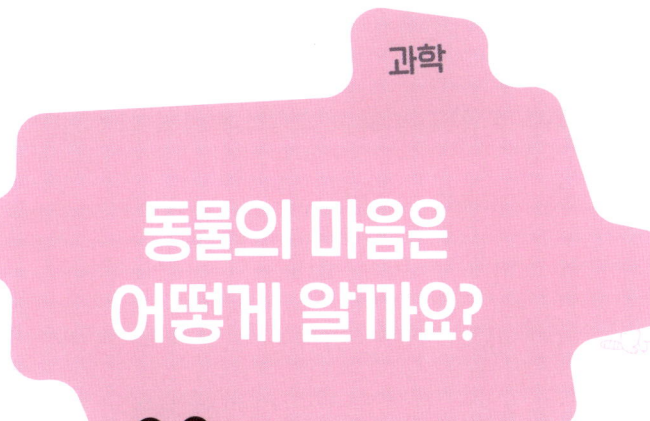

과학

동물의 마음은
어떻게 알까요?

매미가 시끄럽게 우는 이유

"맴맴 매애앰."

한여름 뜨거운 공기를 가득 채우며 매미가 힘차게 울어요. 매미가 우는 소리를 가만히 들어 봐요. 점점 소리가 커지는 듯해요. 왜냐하면 매미가 짝을 찾기 위해 다른 매미보다 더 큰 소리로 울기 때문이에요. 매미는 땅속에서 애벌레인 굼벵이로 7년에서 17년을 살다가 땅 위로 나와 허물을 벗어요. 다 자라면 한 달 정도 어른벌레(성충)로 살아가는데, 이때 암수가 만나 짝짓기 하고 알을 낳은 뒤 일생을 마무리해요.

　곤충이 내는 소리는 자신과 다른 종을 구분하고, 같은 종끼리 암수가 서로 소통하는 데 매우 중요한 수단이에요. 그래서 소리를 내는 신체 기관과 청각 기관이 발달한 곤충이 많아요. 매미는 소리를 내어 짝을 찾는 대표적인 곤충이에요. 수컷 매미가 힘차게 울면 암컷은 소리가 나는 가장 가까운 곳으로 날아가 짝짓기를 해요. 수컷 매미는 암컷을 부르기 위해 다른 수컷 매미보다 더 큰 소리로 울어야 하죠.

　맹꽁이, 청개구리, 검은지빠귀, 휘파람새 등도 매미처럼 소리로 암컷을 불러요. 자기 소리를 돋보이게 해서 암컷을 유인하기 위해 다양한 울음소리를 내는데, 특히 맹꽁이 울음소리에 얽힌 재미있는 이야기가 있어요. 맹꽁이는 맹꽁맹꽁 울어서 '맹꽁이'라는 이름으로 불리지만 사실 맹꽁이는 맹꽁맹꽁 울지 않아요. 수컷 맹꽁이가 암컷을 부르려고 '맹' 하고 울면, 다른 수컷 맹꽁이가 '꽁' 하고 울어요. 수컷끼리 서로 다른 울음소리를 내서 암컷 맹꽁이가 자기 울음소리를 더 잘 듣도록 하려는 것이죠. '맹' 하고 우는 수컷 맹꽁이 앞에서 다른 수컷 맹꽁이도 똑같이 '맹' 하고 울면 어떻게 될까요? 암컷에게 돋보이기는커녕 서로 싸움이 벌어질 수 있어요. 암컷은 번갈아 들리는 '맹', '꽁' 소리를 잘 듣고, 더 마음에 드는 소리의 주인공과 짝짓기 한답니다. 맹꽁이는 자연스럽게 자신을 돋보이게 하면서 소통하는 법을 터득한 셈이에요.

매애앰~
내 소리가 제일 커!

여름밤
반딧불이의
빛 축제

네가 '맹' 울면,
난 '꽁' 울지!

초저주파

동물은 소리 외에도 여러 가지 방법으로 암컷을 불러요. 딱따구리는 나무 쪼는 소리로 짝을 부르고, 반딧불이는 꽁무니 쪽 빛을 내는 기관에서 나오는 불빛으로 짝을 불러요. 반딧불이 수컷은 불빛이 두 개 있고 암컷은 하나만 있어요. 어류, 양서류, 파충류는 몸 색깔을 바꾸며 짝을 부르는데, 번식기가 되면 몸 표면이 독특한 색깔로 변하기 때문에 '혼인색'이라고 해요. 수컷 도마뱀은 봄 산란기가 되면 배 쪽이 붉은색으로 변하고, 수컷 도롱뇽은 가을에 꼬리가 보라색이 된답니다.

동물들의 다양한 소통 방법

동물은 짝을 부를 때만 울음소리를 내는 건 아니에요. 소리로 기분을 표현하거나 위험을 알리기도 해요. 소리로 의사 표현을 하는 동물이 있는가 하면 빛으로 소통하거나 춤추듯 몸짓으로

소통하는 동물도 있어요.

사람과 매우 친숙한 개는 소리와 몸짓으로 의사 표시를 해요. 위험을 알릴 때는 컹컹 사납게 짖고, 즐거움과 친근함을 나타낼 때는 자세를 낮춰 꼬리를 살랑살랑 경쾌하게 흔들어요. 고양이도 울음소리와 몸짓을 포함해 눈과 귀, 수염을 이용해서 감정을 전달해요. 배를 드러내 보이거나 옆으로 눕는 행동은 신뢰를 나타내는 표현이며 편안하다는 뜻이에요. 눈을 게슴츠레 뜨는 행동도 편안하다는 뜻이죠. 그렇지만 귀를 뒤통수 쪽으로 젖히면 흥분한 상태로 곧 공격한다는 뜻이니 주의해야 해요. 개와 고양이는 특히 사람과 깊이 교감하는 동물이기 때문에 사람의 반응을 살피며 몸짓과 소리로 자기 감정을 적극적으로 표현하죠. 개와 고양이의 몸짓과 울음소리를 잘 살펴보면 지금 기분 상태나 건강, 무엇을 원하는지 알아챌 수 있어요.

꿀벌은 공중에서 춤으로 동료와 소통해요. 먹이인 꽃꿀과 꽃

가루를 발견하면 원형 춤과 8자 춤으로 먹이가 있는 방향과 거리에 대한 정보를 동료에게 자세히 알린답니다. 덩치가 큰 하마, 코끼리, 기린, 고래 등은 사람이 들을 수 없는 초저주파(주파수가 극도로 낮은 파동이나 전자기파)로 대화한다고 하니 동물의 소통 방법은 참으로 다양해요.

지능이 높은 몇몇 동물은 인간이 쓰는 언어를 학습해서 사람과 소통할 줄 알아요. 고래는 사람이 "점프!" 하고 외치면 그 말을 알아듣고 물 위로 뛰어오르는 묘기를 부리기도 하고, 앵무새는 사람 말을 아주 잘 흉내 내요. 1990년 서울대공원 동물원에서 태어난 코끼리 코식이는 사람 목소리를 흉내 내어 '안녕, 좋아, 아니야, 누워, 앉아, 안 돼, 아직'과 같은 말을 할 줄 알았다고 하니 정말 대단하죠?

애정과 관심으로 이해하기

한국에서 흔히 볼 수 있는 시베리아 다람쥐(한국 다람쥐라고도 함)는 몸에 갈색 줄무늬가 선명하고 특유의 귀여운 모습 때문에 사람들에게 큰 사랑을 받는 동물이에요. 다람쥐와 같은 설치류(쥐류)는 딱딱한 먹이나 나무 등을 쉬지 않고 갉아 대는데, 이빨이 계속 자라는 탓에 자주 갈지 않으면 앞니가 입천장을 뚫어서 죽을 수도 있어요. 그래서 도토리나 밤,

호두 같은 딱딱한 열매 껍데기를 벗겨 먹으면서 자연스럽게 이빨을 가는 거죠.

  누군가를 이해하고 소통하기 위해 꼭 같은 언어를 쓰지 않아도 돼요. 평소 엄마가 나를 꼭 안아 줄 때 굳이 말로 하지 않아도 엄마의 사랑을 느낄 수 있어요. 친구가 슬퍼 보이면 말없이 다가가 다정하게 어깨에 손을 얹고 위로할 수 있고요. 상대방의 표정이나 작은 행동만으로도 그 사람의 기분이나 마음을 알 수 있죠. 동물과 소통하는 것도 마찬가지예요. 사람과 동물의 언어가 달라도 애정과 관심 어린 마음으로 동물의 습성을 유심히 살펴보면 동물의 삶을 더 잘 이해할 수 있어요. 이것이 바로 지구에서 함께 살아가야 할 동물과 잘 소통하는 법이랍니다.

동물과 함께하는 직업이 궁금해!

창체

　동물원은 동물을 보호하고 연구하는 곳인 동시에 사람들이 동물에 대해 더 잘 이해하고 관심을 갖도록 관람 기회를 제공하는 곳이에요. 동물원에는 다양한 환경에서 살아가는 동물이 많아요. 동물은 사는 곳에 따라 땅에 사는 동물, 물에 사는 동물, 날아다니는 동물로 분류해요. 동물원에서 동물들에게 각자 살던 환경에 맞춰 보금자리를 만들어 주고 보살피는 역할을 하는 사람이 바로 동물 사육사예요. 동물원에서 동물이 안전하고 건강하게 지내기 위해서는 사육사가 동물의 생태와 습성을 고려해 상태를 세심히 살피고 동물과 잘 소통하는 것이 중요해요.

동물과 진솔하게 소통하며 유명해진 사육사가 있어요. 바로 전 국민의 마음을 사로잡은 아기 판다 푸바오의 할아버지로 알려진 강철원 사육사예요. 푸바오는 중국에서 온 러바오와 아이바오 사이에서 태어난 첫 아기 판다인데, 우리나라에서 처음 자연 번식으로 태어났어요. 푸바오를 돌본 사육사는 판다뿐만 아니라 백호, 오랑우탄을 맡아 기르며 번식시키고, 어미에게 버림받은 황금머리사자타마린(마모셋원숭이과 포유류) 찬이를 어미 대신 기르며 재활을 거쳐 부모에게 돌려보내기도 했죠. 사육사는 유인원들과 동질감을 형성하기 위해 털을 골라 주기도 하고 2년 동안

수염도 기르며 사육사로서 동물과 깊이 교감하려고 노력했다고 해요. 최근 러바오와 아이바오 사이에서 루이바오와 후이바오 쌍둥이 판다 자매가 태어나 더욱 바빠졌어요. 강 사육사는 "내가 해 주면 동물도 저 사람이 나한테 무언가를 해 주고 있구나를 느끼거든요. 그래서 사육사와 동물 간에는 더 친하고 그런 정감이 있죠."라는 말로 동물과 사람이 나누는 소통에 대해 일러 주었어요.

동물원 사육사 외에도 동물과 소통하는 일이 중요한 직업은 또 있어요. 반려동물 훈련사 또는 반려동물 행동 교정사는 반려동물을 잘 보살피는 방법을 보호자에게 알려 주거나 반려동물의 문제 행동을 고칠 수 있도록 교육해요. 반려동물의 행동 특성에 대한 전문 지식을 쌓아 사람들이 반려동물과 더 행복하게 생활할 수 있도록 돕는 역할을 하죠. 이 외에도 반려동물을 치료하는 수의사, 반려동물의 장례를 돕는 장례 지도사, 반려동물이 먹을 식품을 만들고 연구하는 반려동물 식품 관리사, 반려동물의 미용과 위생을 돕는 미용사, 반려동물을 전문적으로 관리해 주는 매니저, 반려동물 유치원 교사에 이르기까지 오늘날 반려동물과 관련된 직업은 점점 전문화되고 다양하게 발전하고 있어요.

친구, 가족과 마음을 나눠요

도덕

친구와 친해지는 법

매년 새 학기가 시작되면 새 친구들과 만나요. 처음에는 다들 어색해서 눈치만 보고 말 걸기를 머뭇거려요. 처음 만난 친구와 어떻게 친해질 수 있을까요? 적극적으로 먼저 다가갈 마음을 먹었다면 '내가 말을 걸었을 때 맞장구를 잘 쳐 줄 친구', '나와 이야기가 잘 통할 친구'를 찾으려고 하겠죠. 서로 아는 것도 없고 말도 나누지 못했으니 먼저 첫인상을 보고 짐작해야 하는데, 표정이 딱딱한 친구보다는 부드러운 눈빛과 환한 미소를 짓는 친구에게 다가가기가 좀 더 쉬울 거예요.

친구가 먼저 말 걸어 주기를 바란다면 친구에게 신호를 보내면 좋아요. 부드러운 표정을 지으며 '내게 다가와도 안전해. 너와 이야기하고 싶어.' 하는 마음으로 눈빛을 보내면 더 좋겠죠. 입가에 웃음을 살짝 머금고 있다가 다가오는 친구를 향해 활짝 웃는다면 친구도 기쁜 마음으로 다가오기가 수월할 거예요.

어느 정도 친해진 뒤에도 노력이 필요해요. 잘 지내던 친구라도 대화가 부족하면 서로의 말을 오해하거나 잘못인 줄 모르고 행동해서 다툴 수 있어요. 친구와 더 깊은 우정을 쌓으려면 서로 좋아하는 것과 싫어하는 것을 잘 알면 좋아요. 말로 직접 "좋아.", "싫어." 하고 의사를 표현하는 방법이 제일 간단해요. 상대방 생각을 먼저 물어봐도 좋고요.

꼭 말로 표현하지 않더라도 친구의 표정과 행동에 관심을 기울이고 잘 살피는 것도 좋은 방법이에요. 사람들은 아무리 감추려고 해도 표정과 몸짓에서 감정이 드러나거든요. 표정이나 말투, 행동에서 상대방의 감정 신호를 알아차린다면, 친구와 다투거나 감정이 상할 만한 일을 줄일 수 있어요. 관심과 애정을 가지고 겉으로 드러나는 신호를 살피는 것, 이것이 바로 소통의 첫 단계예요.

감정 신호를 미처 깨닫지 못했더라도 걱정하지 마세요. 우리에게는 다행히 '언어'가 있으니까요. "미안해, 고마워, 좋아해." 하고 솔직한 마음을 말로 표현하는 것이야말로 관계 맺기에서 가장 큰 행운을 가져다주는 마법의 주문이죠. 뜬금없이 친구가 화를 내서 여러분도 화가 날 수 있겠지만, 어쩌면 친구가 그동안 보냈던 신호를 미처 알아차리지 못했을 수 있어요. 그럴 때 "미안해." 하고 먼저 말을 건네 보세요. 그러면 상대방도 자기 마음을 알아준 여러분에게 고마워할 거예요. 서로 배려하고 잘 이해하려고 노력하는 것이 진정한 친구 사이니까요.

휴대 전화로 마음 나누기

회사에서 늦게까지 일하는 부모님, 학교가 끝나면 학원 가기 바쁜 아이들. 요즘은 다들 너무나도 바쁘게 생활하느라 저녁 시간조차 가족끼리 오붓하게 보내기가 쉽지 않다는 뉴스 기사를 종종 접해요. 더군다나 텔레비전과 스마트폰 때문에 가족 간 대화가 더욱 줄었다고 해요. 오늘 하루, 가족과 얼마나 대화를 나누었는지 한번 떠올려 보세요.

물론 대화만이 소통의 전부는 아니에요. 바쁜 아침 시간에 서로 잘 다녀오라며 미소 짓고 손을 흔들어 인사하고, 다정하게 어깨를 토닥여 주는 행동만으로도 우리는 상대방의 애정을 느낄 수 있어요. 방과 후 집에 가서 '냉장고에서 간식 꺼내 먹으렴. 사랑해.' 하고 가족이 써 놓은 쪽지

를 보면 어떤 느낌이 드나요? '숙제해 놓고 있을게요. 조심히 오세요.' 하고 가족에게 문자를 보낼 때 어떤 마음이 드나요? 애정과 사랑을 느꼈다면 작은 몸짓과 행동 모두 훌륭한 소통이고 대화가 될 수 있어요.

현대인이 많이 쓰는 스마트폰의 큰 장점은 언제 어디서든 메시지를 보낼 수 있다는 점이에요. 영상 통화, 이모티콘, 단체 대화방 등 스마트폰의 다양한 기능을 활용하면 가족과 더 잘 소통할 수 있어요. 대화에서 가장 중요한 점은 바로 마음을 표현하려는 노력과 태도니까요. 이런 점을 잘 기억한다면 마음 상하는 일이 있거나 다툼이 생겨도 해결의 실마리를 찾을 수 있어요. 자, 지금 옆에 스마트폰이 보인다면 망설이지 말고 시도해 보세요. 가족에게 먼저 사랑하는 마음을 담아 메시지를 전송해 봐요. 적절한 말이 잘 생각나지 않는다면 귀여운 이모티콘을 사용해도 좋아요.

소리로 동물 표현하기

프랑스 작곡가 생상스가 만든 〈동물의 사육제〉는 열네 곡으로 구성된 관현악 모음곡이에요. 사자, 코끼리, 거북이, 백조 등 여러 동물의 특성을 악기로 재미있게 묘사했어요. 러시아 작곡가 세르게이 프로코피예프가 작곡한 관현악곡 〈피터와 늑대〉도 새와 오리, 늑대의 움직임을 여러 가지 악기로 표현해요. 집에서 흔히 볼 수 있는 물건이나 악기로 동물의 움직임이나 소리를 나타내는 음악을 만들어 봐요.

이렇게 해 봐요

- **어떤 동물을 표현할까?**
  - 예) 토끼, 고릴라
- **어떤 움직임을 표현할까?**
  - 예) 깡충깡충 뛰는 모습, 가슴을 둥둥 치는 모습
- **어떤 도구나 악기로 표현할까?**
  - 예) 실로폰 또는 컵, 드럼
- **어떤 방법으로 표현할까?**
  - 예) 실로폰을 낮은음에서 높은음으로 친다, 컵을 톡톡 두드린다, 빠르고 거칠게 또는 일정한 박자로 드럼을 두드린다

동물로 감정 이모티콘 만들기

동물 생김새나 특징을 활용해서 감정 표현 이모티콘을 만들어 봐요. 어떤 감정을 표현할지, 어떤 상황에 사용할지 고민해 보고 알맞은 동물을 골라 봐요. 완성한 이모티콘을 사용해 가족이나 친구에게 편지를 쓰거나 쪽지에 적어 집 안 곳곳에 붙여 봐요.

낱말과 낱말의 의미 관계를 파악할 수 있다.

여러 가지 식물을 관찰하여 특징에 따라
식물을 분류할 수 있다.

식물의 구조를 자세히 관찰하고 꽃과 잎 모양으로
식물의 종류를 구분할 수 있다.

여러 가지 식물의 한살이 과정을 이해하고,
식물에 따라 한살이 유형이 다양함을 설명할 수 있다.

식물을 관찰하며 사계절 변화에 따라
식물이 계절 환경에 대처하는 방법을 알 수 있다.

생명의 소중함을 이해하고 인간 생명과 환경 문제에
관심을 가지며 인간 생명과 자연을 보호하려는
태도를 지닌다.

다양한 분야의 미술 작품과 미술가에 대해
관심을 가질 수 있다.

주변 대상을 탐색하여 자신의 느낌과 생각을
다양한 방법으로 나타낼 수 있다.

주변 대상을 과학적으로 탐구하고
정확한 관찰 일지를 기록할 수 있다.

국어

봄을 먹고 봄 이름을 불러요

활짝 핀 부침개

봄이 되면 새싹이 고개를 들고 아무것도 없어 보이던 땅에 초록빛이 돌기 시작해요. 새싹은 단단한 땅을 비집고 올라와 우리에게 봄소식을 알리죠. 푸릇푸릇 자란 어린 봄풀 가운데 씀바귀, 냉이, 달래, 쑥, 미나리 같은 풀은 먹을 수 있는 봄나물이에요. 봄나물은 날것으로 먹기도 하고 삶거나 데쳐 먹을 수 있어요. 향긋한 냉이는 된장국에 넣어 먹거나 냉이를 된장과 고추장으로 무쳐 먹기도 해요. 씀바귀의 씁쓸한 맛, 달래의

매운맛, 미나리의 향긋한 맛은 봄철에 입맛을 살려 주어 나른한 몸의 기운을 북돋우죠.

봄풀 사이로 봄꽃도 하나둘 피어나요. 수줍게 피는 분홍색 진달래, 오종종하게 피어나는 귀엽고 노란 개나리, 거리를 환하게 수놓는 벚꽃, 강렬하게 봄을 알리는 여러 색깔 철쭉 등 수많은 꽃이 있어요. 봄꽃 가운데는 봄나물처럼 먹을 수 있는 꽃도 있어요. 조상들은 예부터 봄나물과 함께 봄꽃으로도 맛있는 요리를 만들어 먹으며 입으로도 봄을 만끽했답니다.

꽃을 재료로 한 대표적인 음식으로 진달래 화전이 있어요. 진달래 화전은 찹쌀가루에 끓는 물을 조금씩 넣으며 익반죽한 뒤 둥글게 빚은 다

계절을 즐기는
맛의 행복

음 진달래 꽃잎을 얹어 기름에 지져 먹는 음식이에요. 진달래꽃뿐만 아니라 벚꽃, 배꽃, 매화꽃으로도 화전을 해 먹어요. 음력 3월 3일인 삼짇날, 산과 들에 가득 핀 진달래꽃으로 화채를 해 먹기도 해요. 진달래 화채는 진달래꽃에 녹말가루를 입힌 뒤 살짝 데친 다음 식혀서, 곱게 우린 오미잣물에 띄워 먹는 음료예요.

꽃은 요즘도 요리 재료로 많이 사용해요. 라벤더 꽃이나 산수유 꽃으로 쿠키나 컵케이크를 만들기도 하고, 아카시아(아까시나무) 꽃이나 호박꽃으로 바삭한 꽃 튀김 요리도 만들어요. 또 국화꽃, 매화꽃, 복숭아꽃은 찻물 위에 올려 향긋함을 더해요. 색과 향기가 좋아서 요리에 두루 쓰이는 붉은 장미는 샐러드나 비빔밥에 넣어 먹으면 입에 향긋함이 감돌아요. 이 외에도 많은 식용 꽃이 재배되어 꽃 피자, 꽃 샌드위치, 꽃 빙수 등 여러 요리에 사용돼요. 하지만 모든 꽃을 먹을 수 있는 건 아니에요. 꽃도 사람마다 체질에 따라 알레르기를 일으킬 수 있고, 독성이 있을 수 있으니 주의해야 해요.

강아지 꼬리를 닮아 강아지풀

봄철에 흔히 보이는 벚꽃, 개나리꽃, 진달래꽃은 화려함 때문인지 대

부분 이름을 잘 알고 있어요. 그에 비해 봄풀은 주변에서 흔히 보지만 이름을 잘 모르는 경우가 많아요. 조상들은 예부터 꽃과 풀의 생김새에 따라 재미있는 이름을 붙여서, 우리가 조금만 자세히 관찰하면 이름을 쉽게 익힐 수 있어요.

할미꽃은 꽃대처럼 올라온 열매 덩어리가 흰 털로 덮인 것이 하얗게 센 할머니 머리카락처럼 보인다고 해서 할미꽃이라는 이름이 붙었어요. 강아지풀은 높이 올라온 이삭 모양의 꽃 뭉치가 털 복슬복슬한 강아지 꼬리처럼 생겨서 강아지풀이라는 이름으로 불려요. 은방울꽃은 흰 꽃이 꼭 방울처럼 생겨서 붙은 이름이고, 꽃이 별처럼 생겨서 별꽃이라는 이름을 가진 풀도 있답니다. 열매 모양이 바늘처럼 생긴 도깨비바

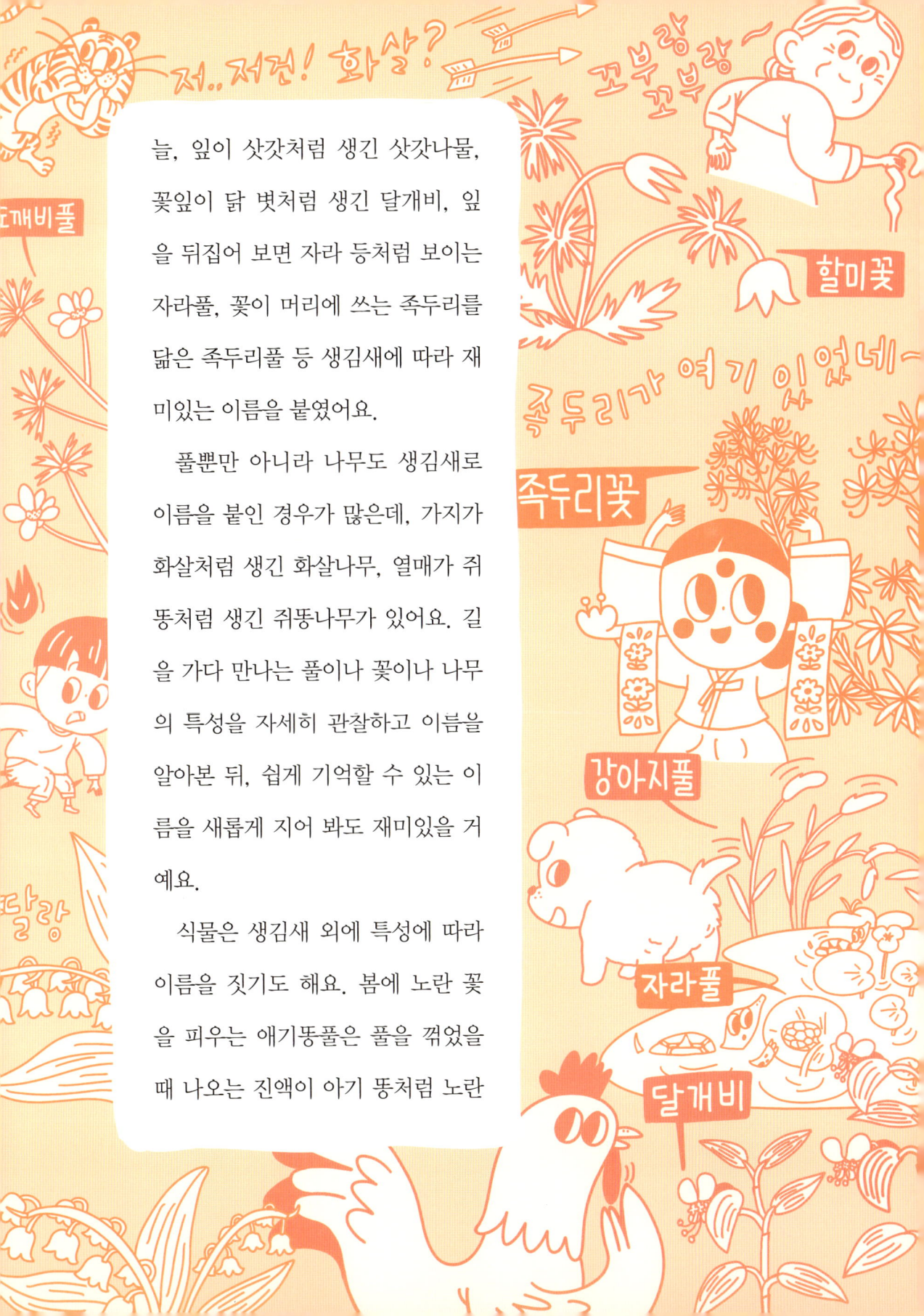

늘, 잎이 삿갓처럼 생긴 삿갓나물, 꽃잎이 닭 볏처럼 생긴 달개비, 잎을 뒤집어 보면 자라 등처럼 보이는 자라풀, 꽃이 머리에 쓰는 족두리를 닮은 족두리풀 등 생김새에 따라 재미있는 이름을 붙였어요.

 풀뿐만 아니라 나무도 생김새로 이름을 붙인 경우가 많은데, 가지가 화살처럼 생긴 화살나무, 열매가 쥐똥처럼 생긴 쥐똥나무가 있어요. 길을 가다 만나는 풀이나 꽃이나 나무의 특성을 자세히 관찰하고 이름을 알아본 뒤, 쉽게 기억할 수 있는 이름을 새롭게 지어 봐도 재미있을 거예요.

 식물은 생김새 외에 특성에 따라 이름을 짓기도 해요. 봄에 노란 꽃을 피우는 애기똥풀은 풀을 꺾었을 때 나오는 진액이 아기 똥처럼 노란

빛을 띠어 그렇게 지었대요. 피뿌리풀은 뿌리 액이 빨개서 붙은 이름이고, 봄에 나물로 먹는 씀바귀는 맛이 쓰다고 씀바귀, 돌 틈에서 잘 자란다고 해서 돌나물이라 불렀죠. 소가 잘 먹어서 쇠뜨기, 곰이 먹는다고 해서 곰취, 잎을 만지면 노루 오줌 냄새가 나서 노루오줌이라는 재미있는 이름으로 불려요. 우리나라 국화인 무궁화도 나무 특징을 살려 지은 이름이에요. 꽃이 7월부터 10월까지 백여 일간 계속 무궁하게 피는 특징 때문에 '무궁화'라는 이름을 갖게 되었죠. 향기가 나서 향나무, 생강 냄새가 나서 생강나무, 나무를 자르면 댕강 소리가 난다고 해서 댕강나무 등 식물의 특징에 따라 지어진 재미있는 이름이 많아요.

과학

식물은 한 해 동안 어떻게 살아갈까요?

식물의 생김새

 꽃과 잎을 자세히 보면 식물을 잘 구분할 수 있어요. 꽃은 암술, 수술, 꽃잎, 꽃받침으로 구성되어 있어요. 벚꽃과 매화꽃과 살구꽃은 하얀색 꽃잎과 수술, 암술 모양이 비슷해요. 벚꽃의 꽃받침은 뾰족하며 가느다랗게 생겼고 매화꽃은 둥글며 붉은색이에요. 매화꽃은 꽃받침이 크고 선명하지만, 살구꽃은 꽃받침이 작아요. 자세히 들여다보면 꽃잎 끝 모양도 조금씩 달라요.

민들레도 비슷한 꽃이 꽤 있어서 많이 헷갈리는 꽃이에요. 10월 무렵 길에서 민들레를 발견한다면 그 꽃은 민들레가 아니라 조팝나물, 사데풀, 쇠서나물 중 하나예요. 민들레, 조팝나물, 사데풀은 여러 개로 갈라진 노란 꽃의 생김새가 정말 비슷하게 생겼어요. 조팝나물은 노란색 꽃이 꼭 조밥 같다고 해서 붙은 이름이에요. 잎 가장자리에 짧은 가시 모양 돌기가 있는 것이 민들레와 달라요. 사데풀은 잎 가장자리가 톱니 모양인 것이 특징이에요. 쇠서나물은 잎 양면에 난 거친 털이 꼭 소의 혀 같다고 해서 붙은 이름이에요. 민들레, 조팝나물, 사데풀은 잎의 특징을 보고 구분할 수 있답니다.

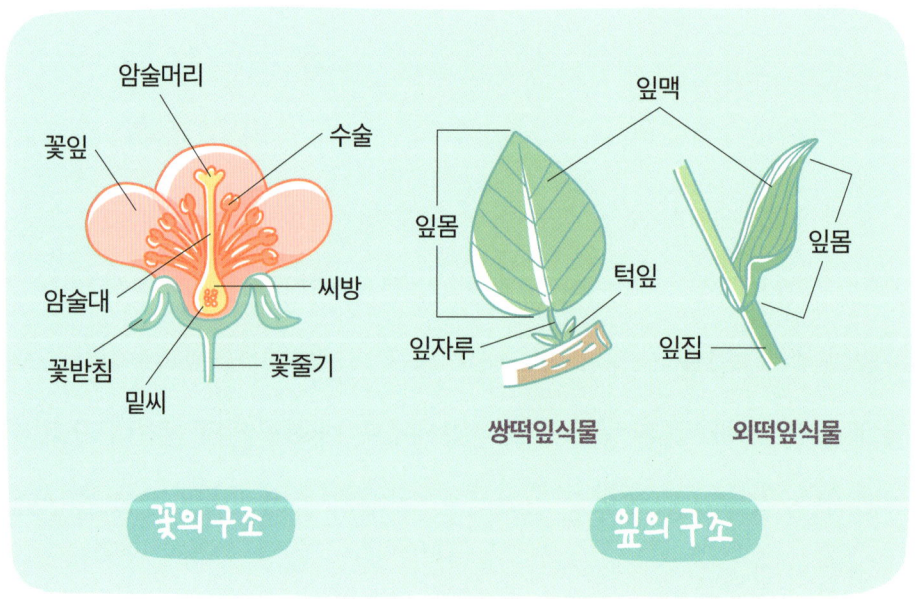

식물은 씨앗에서 싹이 트며 처음 나오는 떡잎 모양으로 구분하기도 해요. 크게 쌍떡잎식물과 외떡잎식물로 나뉘죠. **쌍떡잎식물**은 넓적한 잎몸과 길쭉한 잎자루로 이루어졌고 잎맥이 그물처럼 얽혀 있는 그물맥이에요. **외떡잎식물**은 잎을 감싸는 잎집과 잎몸으로 이루어졌으며 맥이 잎자루에서 잎몸 끝까지 나란히 있는 나란히맥이에요. 한눈에 구분이 되는 모습이죠. 우리가 잘 아는 식물의 잎 모양을 떠올려 볼까요? 쌍떡잎식물로는 민들레, 해바라기, 벚나무, 강낭콩, 토끼풀, 감자 등이 있고, 외떡잎식물로는 강아지풀, 옥수수, 벼, 잔디, 대나무 등이 있어요.

싹이 나고, 꽃이 피고, 열매 맺고

여름 하면 뜨겁게 내리쬐는 햇살과 아름드리나무 아래 시원한 그늘이 떠올라요. 그늘에 앉아 삶은 옥수수와 시원한 수박을 먹는 상상만으로도 여름이 기다려지죠. 옥수수와 수박은 한해살이 식물로 봄에 싹이 터서 여름에 꽃이 피고 열매를 맺어요. 이렇듯 태어나서 성장하고 자손을 남긴 뒤 죽을 때까지 과정을 생명의 한살이라고 하죠. 식물의 씨앗이 싹트고 자라 꽃을 피우고 열매를 맺는 과정은 식물의 한살이예요. 1년 동안만 한살이 과정을 거치면서 겨울이 되면 죽는 식물을 **한해살이 식물**이라

고 해요. 여러 해 동안 한살이 과정을 반복하며 사는 식물을 **여러해살이 식물**이라고 하고요. 한해살이 식물은 겨울을 나지 못하니 여름에 더욱 열심히 일할 거예요.

쏴아, 시원한 소나기가 쏟아지는 여름에는 포슬포슬하게 감자를 쪄 먹기도 해요. 봄에 싹이 터서 여름에 캐어 먹는 감자는 여러해살이 식물이에요. 감자와 비슷하지만 줄기를 먹는 감자와 달리 뿌리를 먹는 고구마도 여러해살이 식물이랍니다. 이 밖에 여름철 별미 요리 재료로 많이

사용하는 박과의 호박잎과 호박 열매는 한해살이 식물이에요.

여름이 더욱 짙어지면 길가에 해바라기와 코스모스도 한창이에요. 간간이 부는 바람에 코스모스가 흔들리고 잠자리가 날아다니면 무더웠던 여름도 슬슬 가을에 자리를 내줄 준비를 해요. 한해살이 식물인 해바라기와 코스모스는 가을이 오기 전에 더욱 예쁜 꽃을 피워요. 봉선화도 여름에 예쁜 꽃을 피우는 한해살이 식물이에요. 여름밤에 봉선화 꽃잎을 따다가 손톱에 꽃물을 예쁘게 들이기도 하죠.

무더운 더위가 한풀 꺾이고 벼가 누렇게 익어 가는 들판을 보면 가을이 왔음을 느낄 수 있어요. 봄에 모종을 심어 여름 내내 잔디처럼 초록 잎을 뾰족이 내밀던 벼는 서둘러 황금색 옷으로 갈아입어요. 한해살이 식물인 벼는 가을이 되기 전에 서둘러 씨앗을 만들어요. 벼의 씨앗이 바로 우리가 매일 먹는 밥의 원료인 쌀이랍니다.

가을을 지내며 나무도 슬슬 겨울 준비를 하느라 무척 바빠져요. 하얀 꽃을 자랑하던 벚나무 잎은 초록에서 주황빛으로 바뀌고, 가로수 은행나무 잎도 노랗게 물들어 거리를 환하게 밝혀요. 조막만 한 아기 손을 꼭 닮은 단풍나무 초록 잎들도 붉은색으로 곱게 물들어 가요.

똑같이 겨울을 준비하지만 노랗게 물든 벼와 은행나무는 마음가짐이 좀 달라요. 은행나무, 밤나무, 감나무, 사과나무 등 나무 대부분은 여러해살이 식물이지만, 벼와 옥수수, 해바라기, 나팔꽃, 강아지풀 등은 한해살이 식물이기 때문이에요. 한해살이 식물은 1년만 살기 때문에 자손을 많이 남겨야 해요. 그래서 씨를 아주 많이 만들어요. 그에 비해 여러해살이 식물인 나무 대부분은 겨울눈을 만들어 겨울을 나고, 이듬해 봄에 이 겨울눈에서 새싹을 틔워 다음 계절을 준비해요.

식물의 겨울나기

추운 겨울이 시작되고 나무들 대부분이 잎을 떨구지만, 소나무와 전나무는 여전히 초록빛을 간직해요. 새하얀 눈이 펑펑 내려도 푸릇푸릇한 초록 잎 그대로 흰 눈을 맞죠. 이렇게 사계절 내내 잎이 푸른 상록수를 제외하면 나무는 잎을 다 떨군 앙상한 가지로 겨울을 꿋꿋이 견뎌요. 나뭇가지가 겨울에 유독 앙상해 보이는 이유는 나무 안에 수분이 적기 때문이에요. 수분을 최대한 줄여야 기온이 매우 낮을 때 어는 것을 막을 수 있어요. 겨울에는 나무줄기와 가지의 껍질이 더욱 단단하고 두꺼워지는데, 이 역시 추위를 이겨 내기 위해서예요. 나무가 겨울을 나는 또 다른 특별한 방법 가운데 하나가 바로 겨울눈을 만드는 거예요. 이듬해 틔울 새싹이 혹독하게 추운 날씨에 얼지 않도록 비늘, 솜털, 진액 등으로 특별한 옷을 만들어 싹을 보호하죠.

봄과 여름 동안 산과 들판을 풍성하게 채웠던 풀은 추운 겨울을 어떻게 날까요? 벼, 옥수수, 해바라기, 나팔꽃, 강아지풀 같은 한해살이 식물은 1년 동안 싹을 틔우고 꽃을 피운 다음 열매를 맺고 말라 죽은 뒤 씨만 남아 겨울을 나요. 씨앗은 땅속에서 매서운 겨울을 견디고 이듬해 봄에 다시 싹을 틔워요. 두해살이풀이나 여러해살이풀은 어떨까요? 보리, 무, 완두콩, 냉이 등이 두해살이 식물이에요. 두해살이 식물은 가을에 싹을

틔워 겨울을 나고 이듬해 꽃을 피운 뒤 열매를 맺고는 죽음을 맞아요. 어떤 풀은 잎을 넓게 펴서 땅바닥에 바짝 붙어 추운 겨울을 나기도 해요.

3년 이상 사는 여러해살이 식물로는 민들레, 갈대, 국화, 카네이션, 수선화, 고구마, 감자 등이 있어요. 이 식물들은 땅 위쪽으로 올라온 부분은 가을에 말라 죽고, 땅속에서 뿌리나 줄기로 겨울을 보낸 다음 봄이 오면 새싹을 틔운답니다. 나무들은 땅 위로 드러난 가지의 새싹을 보호하기 위해 겨울눈 같은 특별한 옷을 입지만, 풀들은 차가운 겨울바람을 피하는 방법으로 땅속에 몸을 숨기는 경우가 많아 씨앗을 보호하는 솜털 옷을 입지 않아요.

우리는 나무와 꽃, 풀의 성장 과정을 보며 봄, 여름, 가을, 겨울 한 해 동안 사계절이 변하는 것을 알 수 있어요. 푸른 잎과 활짝 핀 꽃들을 보며 새로운 기운과 따뜻한 위안을 얻기도 하죠. 늘 우리 곁에 존재하는 식물을 자세히 관찰하면서 식물이 계절을 살아가는 지혜와 생명의 소중함에 대해 생각해 보세요.

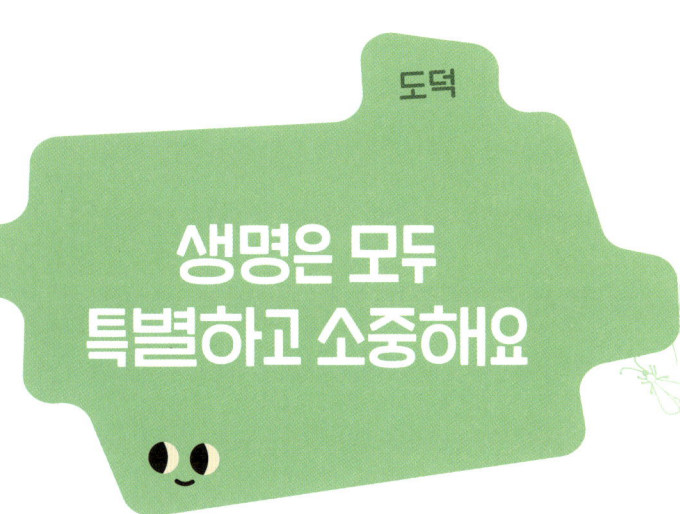

도덕

생명은 모두 특별하고 소중해요

넓은 공원 광장에 펼쳐진 잔디는 초록색 카펫을 깔아 놓은 듯해요. 잔디밭에 돗자리를 펴고 앉아 김밥을 먹으며 봄 소풍을 즐기면 참 좋겠죠. 잔디가 나올 무렵이면 '잔디를 밟지 마세요', '잔디를 보호합시다'라는 팻말을 종종 볼 수 있어요. 사뿐사뿐 잔디를 밟으며 신나게 뛰어다니면 참 좋을 텐데 말이에요.

봄에 새로 돋아난 잔디는 매우 여려서 이때 밟으면 죽게 돼요. 조금만 기다렸다가 봄이 지나 잔디가 어느 정도 자란 후에는 밟아도 괜찮아요. 봄에서 여름으로 계절이 바뀌는 동안 잔디는 힘이 생겨 오히려 조금씩

밟아 주면 잔디들 사이에 틈이 생겨 숨쉬기가 편해진답니다.

  누가 애써 심거나 가꾸지 않아도 저절로 쑥쑥 자라는 풀도 있어요. 우리가 흔히 잡초라고 부르는 풀이에요. 잡초라는 이름으로 하찮게 여기기 쉽지만 찬찬히 들여다보면 저마다 각양각색의 멋스러움을 뽐내요. 잠시 밖으로 나가 허리 굽혀 땅을 보세요. 하트 닮은 토끼풀, 씁쓸한 나물로 입맛 살려 주는 씀바귀, 보라색 작은 꽃이 예쁜 제비꽃, 앙증맞은 노란색 꽃을 피우는 꽃다지, 달걀 프라이 닮은 개망초 같은 풀은 봄을 더욱 다채롭게 만드는 소중한 생명이에요.

  이 세상에 쓸모없는 것은 하나도 없어요. 모든 존재가 다 특별해요. 각자 개성을 살려 관심 있는 일, 하고 싶은 일, 잘하는 일을 해내기 위해 애쓰는 여러분처럼요. 겨울을 견디고 해마다 때가 되면 누가 가꾸지 않아도 꿋꿋하게 자기 존재를 피워 내는 들풀처럼 여러분도 자신만의 개성을 멋지게 가꾸고 키워 보세요.

나만의 초충도로
새 친구 만들기

조선 시대 학자 율곡 이이의 어머니 신사임당은 훌륭한 예술가였어요. 신사임당은 주변에서 쉽게 볼 수 있는 풀과 벌레를 많이 그렸는데, 병풍 그림으로 폭마다 다른 풀과 벌레를 그린 〈초충도〉가 유명하죠. 신사임당은 오이와 메뚜기, 물봉선화와 쇠똥구리, 수박과 여치, 가지와 범의 땅개, 맨드라미와 개구리, 봉선화와 잠자리, 원추리와 벌 등 자연물을 다양하게 그렸어요. 작은 생명에 관심을 기울여 자세히 관찰하고 섬세하게 담아냈죠. 여러분도 학교나 집 주변, 화단에서 볼 수 있는 여러 동식물을 자세히 살펴보고 관찰 일지를 써 봐요. 신사임당처럼 나만의 〈초충도〉를 그려 보는 거죠. 계절마다 다양한 모습을 보여 주는 곤충과 식물이 우리 주변 환경을 얼마나 풍성하게 만들어 주는지 알 수 있을 거예요.

풀과 벌레는 내 친구

찾은 날   2023년 7월 1일 18시 25분

찾은 곳   집 앞 공원 산책로

생긴 모양   달걀 프라이처럼 생겼다.

특징   하얀 꽃잎이 가늘고 길쭉하다. 꽃잎이 잔잔하게 여러 개 보인다. 꽃들이 무리 지어 핀다. 요즘 주변에서 가장 많이 보인다.

실제 이름과 내가 지은 이름   개망초, 달걀 프라이 꽃

풀과 벌레는 내 친구

찾은 날

찾은 곳

생긴 모양

특징

실제 이름과 내가 지은 이름

물질은 어떻게
변신할까요?

남태평양 작은
섬나라, 투발루가
위험해!

3 환경 보호

물을 아껴 쓰고
환경을 보호해요

물의 변신은 무죄

3-2 과학　물질의 상태
4-2 과학　물의 상태 변화
4-2 과학　물의 여행
3학년 도덕　아껴 쓰는 우리
　　　　　　함께 지키는 행복한 세상
4-2 국어　독서 감상문을 써요

서로 다른 물질로 만들어진 물체를 비교해 기능과 성질을 관련지을 수 있다.

크기와 모양은 같지만 서로 다른 물질로 이루어진 물체를 관찰해 물질의 여러 가지 성질을 비교할 수 있다.

우리 주변에 있는 물질의 상태를 고체, 액체, 기체로 분류할 수 있다.

물질의 각 상태가 지니는 특징을 이해할 수 있다.

물의 소중함을 알고 자신이 물을 아껴 쓰는지 반성해 보며 바른 태도를 습관화한다.

공익의 중요성을 알고 사회 공익에 도움이 되려는 실천 의지를 기른다.

여러 가지 물질의 특성과 상태 변화를 이해하고 활용할 수 있다.

자원을 절약하는 습관을 들이고 지구 환경을 보호하기 위한 실천 계획을 세울 수 있다.

과학

물질은 어떻게 변신할까요?

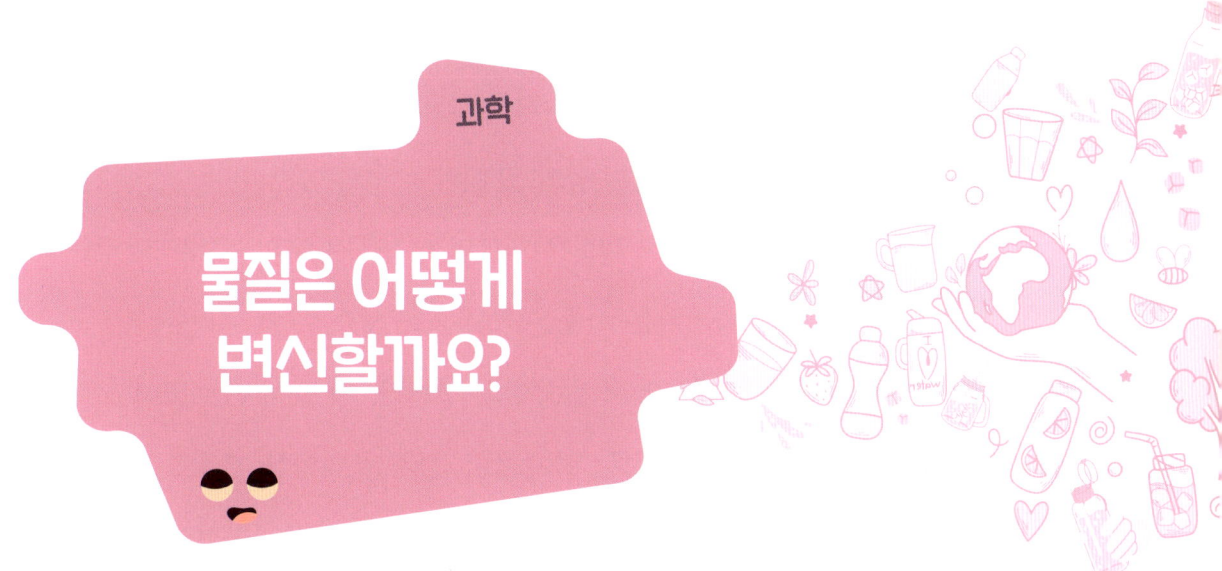

말랑이의 인기 비결

한동안 유행했던 액체 괴물이라는 장난감이 있어요. 진흙처럼 끈적끈적한 느낌을 주는 장난감이에요. 손으로 만지는 느낌이 말랑말랑해서 인기가 많은 말랑이라는 장난감은 꾹꾹 쥐거나 옆으로 늘려도 원래 모양으로 돌아가는 성질이 있어요. 또 촉감이 부드러워서 만지면 기분이 좋아져요. 말랑이는 형태와 재질이 다양해서 부르는 이름도 많아요. 모양이 만두 같은 만두 말랑이, 달걀을 닮은 심쿵란, 통나무 부분을 누르면 숨어 있던 다람쥐가 튀어나오는 까꿍 다람쥐, 당근에 귀여운 눈과 코와 입이 그려진 당근 주물럭 등이 있죠.

형태란 사물의 모양을 뜻하고 **재질**은 재료의 성질을 뜻해요. 구체적인 모양을 지니고 공간을 차지하는 사물은 **물체**라고 해요. 우리 주변에서 흔히 볼 수 있는 책상, 의자, 책, 신발, 가방, 장난감, 컵 등이 바로 특정한 모양을 가지고 공간을 차지하는 물체예요. 물체는 다양한 재료로 만들어요. 책과 공책은 나무로, 지우개와 풍선은 고무로, 옷과 인형은 섬유로, 프라이팬과 못은 금속 재료로 만들죠.

물체를 만드는 데 쓰이는 재료를 **물질**이라고 하는데, 한 가지 물질로 된 물체도 있고 여러 가지 물질로 만든 물체도 있어요. 책상과 의자는 나무와 쇠로, 가위는 쇠와 플라스틱, 연필은 흑연과 나무로 만들어요. 어떤 물질로 만들었는지에 따라 재료와 용도를 합쳐 이름을 달리 붙이기도 해요. 유리컵, 종이컵, 플라스틱 컵, 사기 컵처럼 같은 용도라도 재료로 사용한 물질이 다르면 이름도 다르죠.

물질마다 성질이 달라서 촉감뿐만 아니라 색깔과 단단한 정도, 구부러지는 정도, 물에 뜨는 정도도 다 달라요. 물질의 특징을 파악해 쓰임새에 맞게 물건을 만들죠. 천으로 만든 가방은 가볍고 잘 찢어지지 않아서 무게가 나가는 책과 같은 물건을 넣어 다니기 좋아요.

종이 가방은 천 가방보다 가볍지만 찢어

지기 쉬워서 가벼운 물건을 넣어요. 가죽 가방은 구겨지지 않고 튼튼해서 빳빳하게 보관해야 하는 서류나 노트북을 넣어 다닐 수 있어요. 멀리 여행 갈 때 사용하는 캐리어는 단단하고 가벼운 플라스틱이고 바퀴가 달려 있어요. 크고 단단해서 여러 가지 짐을 많이 넣어도 가방 안 내용물이 손상되지 않고, 바퀴가 달렸으니 끌어 이동하기에도 좋아요. 물건을 안전하게 보관하기 위해 튼튼한 금속으로 만든 가방도 있어요. 용도에 따라 다른 재질로 여러 가지 가방을 만들 수 있죠.

열 받으면 변신하는 물

고무풍선 안에 공기나 물이나 콩을 넣어 말랑이 장난감을 만들면, 안에 넣은 물질에 따라 촉감과 성질이 매우 달라요. 공기는 눈에 보이지 않고 손에 잡히지 않아요. 공기를 풍선에 넣으면 밖으로 새지 못하게 입구를 꽉 묶어야 해요. 풍선을 여기저기 묶어 원하는 모양으로 만들 수도 있어요. 액체인 물은 눈에 보이고 그릇에도 담을 수 있지만 손에 잘 잡히지 않아요. 물을 풍선에 넣으면 무게 때문에 아래로 축 처지지만, 물을 넣은 풍선도 원하는 형태로 만들 수 있어요. 콩은 눈으로 볼 수 있고 그릇에도 담기며 손으로 잡을 수도 있어요. 콩을 풍선에 넣으면 감촉이 거칠고 크게 느껴지죠.

말랑이 재료가 되는 공기, 물, 콩은 물질의 세 가지 상태를 나타내요. 바로 기체, 액체, 고체예요. **기체**는 공기처럼 눈에 보이지 않고 손으로 잡을 수 없어요. 그릇에 따라 모양이 바뀌고, 그릇 크기가 어떻든 그 안을 가득 채우죠. **액체** 상태인 물은 눈에는 보이지만 흘러내려서 손에 잡히지 않아요. 또 물은 담는 그릇에 따라 모양이 변하는데 담는 그릇 크기에 따라 모자라거나 넘치기도 해요. 눈에도 보이고 손으로 잡을 수도 있는 콩은 **고체** 상태예요. 고체는 담는 그릇이 바뀌어도 모양과 크기가 변하지 않죠.

액체 상태인 물을 얼리면 어떨까요? 손에 잡히는 얼음은 담는 그릇이 달라져도 모양이 똑같은 고체 상태예요. 얼음이 녹아 물이 되면 흘러내리는 액체가 되고, 끓여서 수증기가 되면 기체가 돼요. 물은 열에 의해서 고체, 액체, 기체로 상태가 변해요.

세상을 여행하는 물

물은 우리 생활에서 세 가지 상태로 존재해요. 냉장고 속 얼음은 고체 상태이고, 씻고 마시는 물은 액체 상태죠. 공기 중에는 수증기가 기체 상태로 퍼져 있어요. 시선을 지구로 확대해 볼까요? 북극과 남극에 있는 빙하는 고체 상태이고, 강물은 액체 상태로 바다로 흘러가요. 공기 중의 수증기는 기체 상태로 우리 주위를 둘러싸고 있죠.

우리는 잠시도 물 없이 살 수 없어요. 씻거나 음식을 만드는 데 사용하는 물 외에도 공기 중의 수분도 우리에게 꼭 필요해요. 지구에서 살아가는 수많은 동식물도 매일매일 물을 사용하죠. 그런데 왜 물은 바닥나지 않을까요? 해답은 바로 물의 상태 변화에서 찾을 수 있어요.

물의 양은 과거부터 현재까지 크게 줄거나 늘지 않았어요. 다만 상태가 변했을 뿐이죠. 산속에서 샘솟은 물은 계곡을 따라 흘러요. 액체 상태

인 물은 중력에 의해 낮은 곳으로 흐르기 때문이에요. 계곡으로 흐르던 물은 강을 만나 더 낮은 곳으로 흐르며 바다로 가요. 바다에 도착해서도 물은 그대로 머무르지 않아요. 태양의 뜨거운 열기로 데워진 바닷물이 수증기가 되어 공기를 타고 하늘로 올라가 흩어지죠.

이제부터 물은 더 멀리 여행을 떠나요. 하늘로 높이높이 올라가다 보면 공기 온도가 낮아지는데, 그때 기체 상태의 수증기가 응결해 작은 물방울 상태가 돼요. 그 물방울들이 뭉친 덩어리가 바로 구름이에요. 구름은 바람을 타고 이리저리 이동하면서 아주 먼 육지로 여행을 가기도 해요. 이때 여기저기 흩어졌던 구름 덩어리가 만나 더 큰 구름이 되기도 하

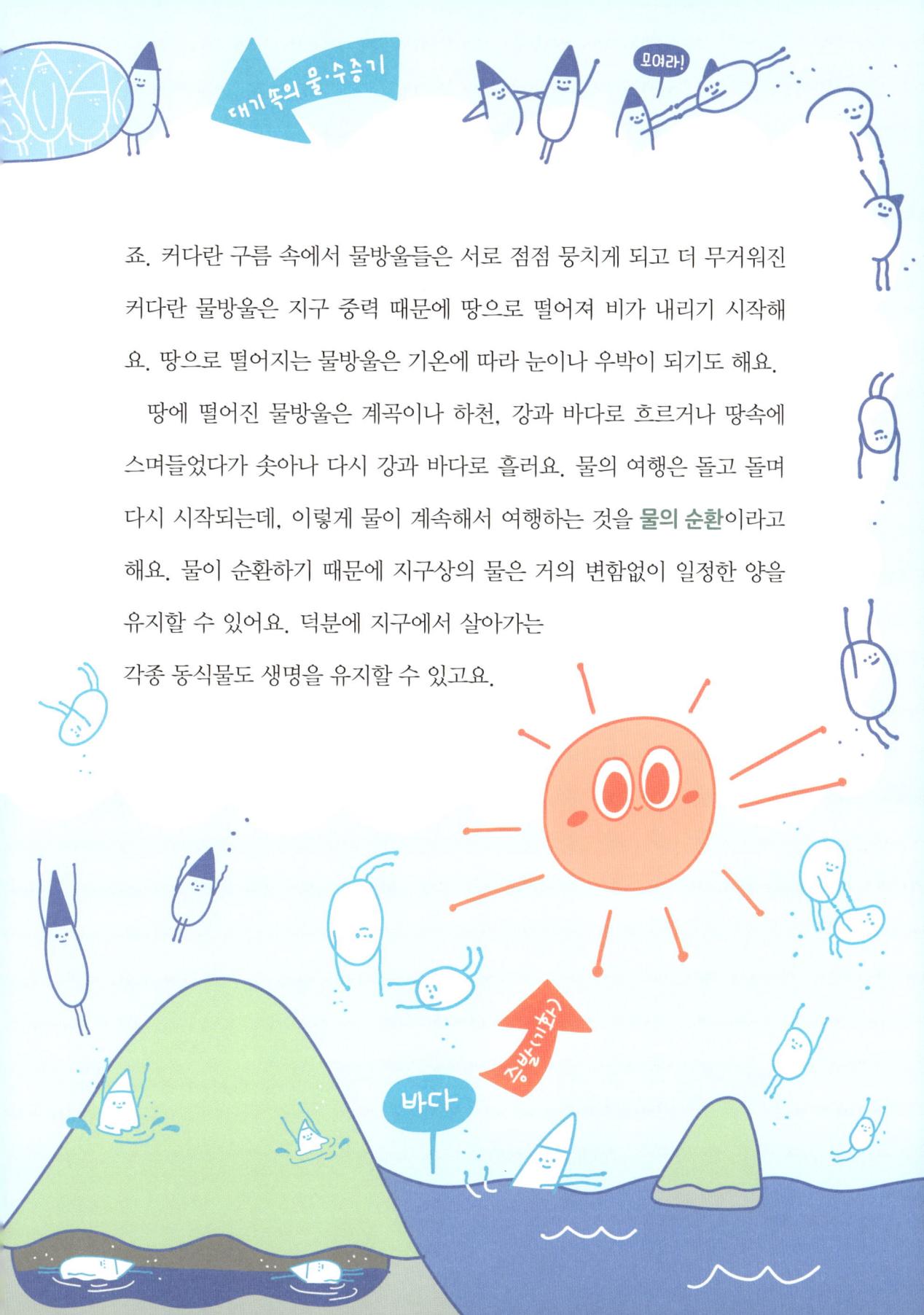

죠. 커다란 구름 속에서 물방울들은 서로 점점 뭉치게 되고 더 무거워진 커다란 물방울은 지구 중력 때문에 땅으로 떨어져 비가 내리기 시작해요. 땅으로 떨어지는 물방울은 기온에 따라 눈이나 우박이 되기도 해요.

땅에 떨어진 물방울은 계곡이나 하천, 강과 바다로 흐르거나 땅속에 스며들었다가 솟아나 다시 강과 바다로 흘러요. 물의 여행은 돌고 돌며 다시 시작되는데, 이렇게 물이 계속해서 여행하는 것을 **물의 순환**이라고 해요. 물이 순환하기 때문에 지구상의 물은 거의 변함없이 일정한 양을 유지할 수 있어요. 덕분에 지구에서 살아가는 각종 동식물도 생명을 유지할 수 있고요.

물을 아껴 쓰고 환경을 보호해요

도덕

봉이 김선달과 물 세금

조선 후기, 봉이 김선달이라는 사람이 있었어요. 봉이 김선달은 대동강 물이 자기 것이라고 주장했어요. 그는 가짜 물장수에게 미리 돈을 나눠 주고 대동강 물을 길어 가게 한 다음, 물값을 치르는 척 자신이 줬던 돈을 도로 받았죠. 그 모습을 본 상인들은 김선달에게 수천 냥을 주고 대동강 물을 팔 권리를 샀어요. 김선달로부터 대동강 물을 산 상인들은 강물을 길어 가던 사람들에게서 물세를 받으려다 몰매를 맞았어요.

봉이 김선달 이야기는 강물을 퍼다가 식수로 사용하던 옛적 이야기예요. 강물에 값을 매기는 일은 예전 같으면 상상도 못 할 일이었지만, 요즘은 값을 치르고 물을 써야 해요. 마시는 물은 생수를 사서 해결해요. 음식을 해 먹거나 빨래를 하고, 몸을 씻고, 농사를 짓거나 공장에서 물건을 만들 때 사용하는 물도 수도세를 내야 해요.

수도꼭지만 틀면 쏴 하고 나오는 물은 어디에서 올까요? 과거에는 계곡이나 강의 깨끗한 물을 퍼다가 사용하기도 하고, 땅속 깊숙이 우물을 파서 지하수를 길어 먹었어요. 오늘날에는 거의 모든 나라가 수도 시설을 갖추어 집에서 편리하게 물을 사용해요. 우리가 사용하고 버린 물은 하수 처리장으로 가는데, 하수 처리장에서는 더러워진 물에서 오염 물질을 깨끗하게 거르는 정화 작업을 해요. 오염물을 걸러 깨끗해진 물은 다시 수도관을 타고 우리 집 수도꼭지로 나오게 되죠. 이 물로 사람이 먹고 씻어야 하기 때문에 하수 처리장의 정화 과정은 매우 중요해요. 물에 오염 물질이 남아 있으면 사람들이 질병에 걸릴 수 있으니까요.

일상생활에서 물 없이는 살 수 없을 만큼 우리는 평소 물을 많이 사용해요. 단순히 먹는 물뿐만 아니라 요리하거나 씻는 데도 물을 많이 써요. 농작물을 재배하거나 가축을 키울 때는 물론 공장에서 물건을 만들 때도 물을 아주 많이 사용하죠. 더군다나 현재 세계 인구는 80억 명을 넘어섰고, 의학의 발달로 노령 인구가 늘어서 세계 인구는 더욱 증가할

'물' 보기를 황금과 같이! -김선달

거예요. 물을 사용하는 인구가 늘면 사용하고 버려지는 물도 그만큼 늘어서 처리해야 하는 하수의 양도 크게 늘고 비용도 계속 증가해요. 그렇기 때문에 우리는 평소 물을 아껴 써야 해요. 양치질할 때 컵에 물을 받아 쓰고, 욕조 목욕보다는 가볍게 샤워를 하며, 사용하는 세제 양을 줄이는 등 일상생활에서 물을 아껴 쓰고 깨끗이 쓰기 위해 노력해야 해요.

물 부족 문제 해결법

지구에 존재하는 물 가운데 97.5%가 바닷물이에요. 우리가 먹을 수 있는 물은 2.5%밖에 안 되고 그중 대부분은 빙하와 만년설이며 실제로 사람이 사용할 수 있는 지하수와 하천, 습지 등은 1%도 안 돼요. 지하수와 하천을 깨끗하게 보호해야 하는 중요한 이유죠.

전 세계 많은 나라가 물 부족으로 심각한 고통을 겪고 있어요. 사막의 나라 사우디아라비아는 물 부족 문제를 해결하고자 빙하를 녹여 쓰는 방법을 떠올렸어요. 실제로 사우디아라비아 왕자는 북극 빙산을 사우디아라비아까지 15,000km를 끌고 와서 식수로 쓰려고 했어요. 그렇지만 크기가 엄청난 빙산을 녹지 않게 운반하는 방법을 찾지 못했죠. 또 운반하더라도 어디에서 녹일지, 녹인 물을 어디에 담아 둘지 논란이 많았어요. 아쉽게도 빙산을 녹여 쓰는 계획은 실행되지 못했어요. 반면 남극에서 가까운 오스트레일리아나 북극과 가까운 캐나다와 미국에서는 비록 적은 양이지만 빙산수를 활용하고 있다고 해요.

빙산이 바다에서 한꺼번에 녹는다면 다른 문제가 생겨요. 미국 CNN 방송에 따르면, 최근 계속되는 기온 상승으로 하루 동안 그린란드에서 85억 톤 규모의 빙하가 녹아내렸다고 해요. 이 양은 미국 플로리다주 전체를 5cm 높이로 뒤덮을 수 있는 엄청난 양의 물이에요. 빙산이 빠른 속

도로 녹으면 그 피해는 결국 인간에게 돌아와요. 북극 빙하가 녹으면 바다와 인접한 국가의 해수면이 상승하고 홍수와 해일 같은 자연재해가 발생하니까요.

　지구 기온이 점점 올라가는 현상을 **지구 온난화**라고 해요. 최근 지구 온난화 때문에 발생하는 이상 기후 현상 때문에 세계 곳곳에서 극심한 자연재해를 겪고 있어요. 이상 기후 현상은 사람뿐만 아니라 모든 동식물의 생존을 위협해요. 북극에서는 기온 상승으로 빙하가 녹아 북극곰 서식지가 사라져 가요. 이렇게 지구 온난화는 인간을 포함한 생태계에 큰 영향을 미치고 있답니다.

생각뭉치

남태평양 작은 섬나라, 투발루가 위험해!

지구 온난화로 해수면이 상승해 큰 피해를 입은 나라들이 있어요. 그중 남태평양 한가운데 있는 아름다운 섬나라 투발루는 전 세계 사람들이 지구 온난화와 환경 문제에 관심을 갖게 만든 곳이에요. 아름다운 산호섬 아홉 개로 이루어진 투발루는 해발고도(평균 해수면을 기준으로 잰 어떤 지점의 높이)가 3m로 매우 낮아요. 지구 온난화로 해수면이 매년 상승하자 국토 일부분이 물에 잠겨 주민들이 삶의 터전을 잃어버리는 큰 피해를 입었어요. 국제연합(UN)은 "투발루의 해수면이 기후 온난화로 매년 5mm씩 상승하고 있다 이대로 방치하면 나라 전체가 50~100년 안에 가라앉을 것이다."라고 경고했어요. 1999년에는 투발루의 아홉 개 섬 가운데 두 개가 물에 잠겼고, 2060년이면 모든 섬이 물속에 가라앉는다고 해요. 바닷물에 잠긴 땅에서는 농사를 짓지 못하고 마실 물도 구하기 어려워요. 해마다 많은 투발루 국민이 자신이 살던 땅을 떠나고 있어요. 전 세계 여러 환경 단체에서 침몰하는 투발루를 돕자는 환경 운동을 벌이지만 문제를 해결하기 쉽지 않은 상황이에요. 지구 온난화 문제를 해결하기 위해 우리가 할 수 있는 일은 무엇일까요?

세상에 단 하나뿐인 말랑이 장난감

주변에는 여러 물질이 다양한 상태로 존재해요. 밀가루, 쌀, 콩, 종이, 라면 부스러기, 모래, 털실 등 다양한 물질을 활용해 말랑이 장난감을 만들어 봐요. 각각의 재료를 고무풍선에 넣어 말랑이 장난감을 만든 다음, 손으로 만져 보면서 재료에 따라 어떤 느낌이 나는지 자세히 적어 봐요.

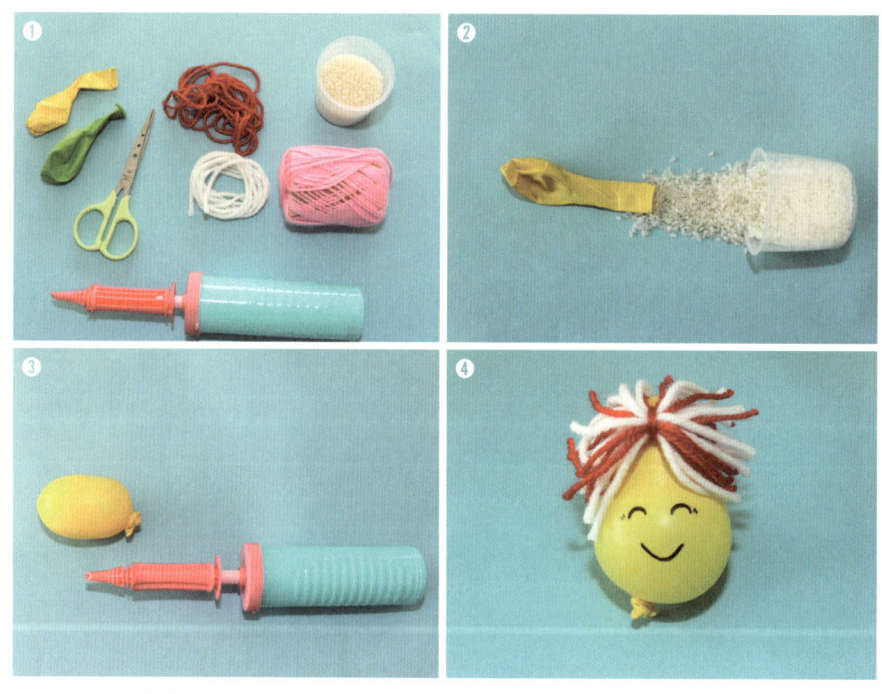

※ 만들기와 놀이가 끝나면 꼭 손을 깨끗이 씻어요.

이렇게 해 봐요

✦ **준비물**
풍선에 넣을 재료, 풍선, 공기 주입기, 가위, 실, 사인펜, 스티커 등 말랑이 꾸미기 재료

✦ **실험 방법**
❶ 준비한 재료를 풍선에 넣는다. 입자가 작으면 깔때기를 이용한다.
❷ 공기 주입기를 이용해 풍선을 부풀린 뒤 입구를 꼭 묶고, 원하는 모양으로 꾸민다.
❸ 만든 말랑이를 주무르거나 흔들어 보며 촉감, 소리, 느낌 등을 적는다.

✦ **내가 만든 말랑이 : 쌀 말랑이**
오돌토돌한 느낌이 난다. 사각거리는 소리가 난다. 이리저리 흔드니 악기 소리 같기도 하다.

내가 만든 말랑이

내가 만든 말랑이

물 절약 일기 쓰기

평소에 우리는 물을 어떻게 쓰고 있을까요? 하루 동안 물을 어떻게 사용하고 있는지 물 사용 일기를 자세히 기록해 봐요. 나의 물 사용 습관에 어떤 문제가 있는지 살펴보고 어떻게 고쳐야 할지 실천 방법도 고민해 봐요.

나의 물 사용 일기

✦ 집에서
- 아침에 일어나서 물을 컵에 담아 한 잔 마셨다.
- 물을 틀어 놓고 세수를 했다.
- 머리를 감을 때 샴푸를 너무 많이 짜서 한참을 씻었다.
- 아침 식사 후 컵에 물을 받아 놓고 양치를 했다.

✦ 학교에서
- 집에서 물을 개인 물병에 담아 학교에 가져갔다.
- 화장실에서 친구들이 물을 내리지 않아 냄새가 나서 물을 내렸다.
- 화장실에서 물을 틀어 놓고 손에 비누칠을 했다.

✦ 기타 장소에서
- 수영장에서 샤워할 때 물을 틀어 놓고 친구들과 이야기를 나눴다.

물 아껴 쓰는 습관 만들어 보기

아래 사항 중 내가 실천할 수 있는 행동에 ○ 표 해 보세요. 집과 학교 외에 다른 장소에서 물을 아껴 쓰는 방법을 생각해 보세요.

✦ 집에서

- 세수할 때 물을 세면대에 모아 놓고 비누칠을 한다.
- 양치할 때 컵에 물을 담아 놓고 칫솔질을 한다.
- 머리를 감을 때 샴푸를 적당량 사용한다.
- 샤워 시간은 되도록 짧게 한다.
- 마시고 남은 물은 버리지 않고 화분에 준다.

✦ 학교에서

- 식수용 물을 개인용 컵에 담아 먹는다.
- 화장실에서 손을 씻을 때 물을 잠그고 비누칠을 한다.

✦ 기타 장소에서

_____

_____

_____

_____

백두산이 폭발한다면?

4 재난 안전

위험에 대비하자

어떤 구조물이 가장 튼튼할까요?

생명을 구하는 긴급 재난 문자

3-1 국어   어떤 내용일까?
4-2 수학   삼각형, 사각형, 다각형
4-1 미술   안전 표지판, 안전한 건물 모형 만들기
4-2 과학   화산과 지진
3-2 과학   지표의 변화

글에서 낱말의 의미나 생략된 내용을 짐작할 수 있다.

알림문과 설명글 쓰는 방법을 이해하고 잘 쓸 수 있다.

여러 가지 모양의 삼각형과 사각형을 알고, 도형을 이용하여 여러 가지 모양을 만들거나 채울 수 있다.

미술을 자신의 생활과 관련지을 수 있다.

인공물을 탐색하는 데 다양한 감각을 활용할 수 있다.

화산 활동이 우리 생활에 미치는 영향을 알 수 있다.

지진 발생 원인을 이해하고, 지진이 났을 때 안전하게 대처하는 방법을 말할 수 있다.

강과 바닷가 주변 지형의 특징을 흐르는 물의 작용과 관련지을 수 있다.

긴급한 안내문 쓰는 방법을 익히고 재난 발생 시 행동 요령을 잘 알 수 있다.

건축물 구조의 안전 원리를 잘 이해하고 직접 모형을 만들어 볼 수 있다.

국어

생명을 구하는 긴급 재난 문자

'8월 4일 11시 폭염 경보. 12~17시 노약자는 야외 활동을 자제하고 물을 자주 마시기 바랍니다.' 행정안전부가 운영하는 국민재난안전포털에서는 호우, 화재 등 재난 상황에 대비하는 방법을 알려 주는 재난 문자를 발송해요. 재난 문자는 정부가 국민에게 발송하는 공익 서비스로 기상청에서 기상 특보가 발령되거나 지방 자치 단체에서 비상 상황이 발생할 때도 안내 문자를 발송해요. 국민의 생명과 안전을 지키기 위해 꼭 필요한 알림 서비스죠.

재난 문자는 자연재해를 비롯해 각종 재난과 관련한 상황을 알리기 위해 발송하는데, 재난의 경중에 따라 위급 재난 문자, 긴급 재난 문자, 안전 안내 문자로 나뉘어요. 폭염 주의보는 안전 안내 문자에 해당하고, 폭우나 태풍은 긴급 재난 문자에 해당해요. 특히 태풍과 지진 등 자연재해는 국민의 생명이나 재산과 직접 연결되어 있어서 긴급한 대피 행동 안내가 더욱 중요해요. 다음 재난 문자를 한번 살펴볼까요?

> ⚠️ [XX시청] 8월 23일 (수)
> 강력한 태풍 북상 중,
> 호우, 강풍 피해 예상.
> 입간판, 가로수 전도, 저지대 침수 등
> 안전에 유의 바랍니다.

오후 7:46

재난 문자는 누구나 쉽게 이해하고 신속하게 대비할 수 있도록 대피 이유와 대피 장소 등 정확한 정보를 담아 빠르게 전달해야 해요. 그런데 앞의 재난 문자는 한자어가 많아 이해하기가 쉽지 않아요. 재난 상황에

서 단어 뜻을 하나하나 사전에서 찾아볼 수 없으니 일단 앞뒤 문장을 살펴보면서 내용을 얼른 짐작해야 해요. '강력한 태풍'이라는 말이 가장 먼저 눈에 띄어요. 뒤이어 '호우, 강풍 피해 예상'이라는 문구를 보면 일단 태풍이니까 바람이 많이 불고 비도 많이 와서 피해를 준다는 뜻이겠네요. '입간판'은 벽에 기대어 놓거나 길에 세워 놓은 간판을 뜻하는데, 정확한 뜻을 몰라도 '간판'이 무엇인지 안다면 대략 의미를 짐작할 수 있어요. '가로수 전도'는 무슨 뜻일까요? 길 따라 줄지어 심어 놓은 나무를 가로수라고 하니, 태풍으로 바람이 많이 부는 상황을 생각하면 길가에 넘어지거나 뒤집어진다는 뜻으로 짐작할 수 있어요. '저지대 침수'는 비가 많이 내리므로 건물 터가 낮은 지역은 물에 잠길 수 있으니 조심하라는 안내로 이해할 수 있어요. 이 긴급 재난 문자는 한자어 때문에 내용을 쉽고 빠르게, 또 분명하게 이해하기 어려워요. 한자나 단어를 잘 몰라도 빠르게 이해할 수 있도록 쉬운 말로 안내하면 더 좋겠죠.

　지진은 우리나라에서 일어나는 자연재해 중 피해 규모가 큰 재난이에요. 최근 몇 년간 한반도에 규모가 큰 지진이 자주 일어나 지진에 대한 관심이 높아졌어요. 지난 2016년 경주에서 규모 5.8의 지진이, 2017년 포항에서는 규모 5.4의 지진이 연이어 발생해 인명과 재산 피해가 컸어요. 경주 지진 이후 정부는 지진 안전 주간을 마련해 전국에서 지진 대피 훈련을 실시해요. 국민재난안전포털(www.safekorea.go.kr) 홈페이지에 접속해 행정안전부에서 배포한 〈지진 발생 시 행동 요령〉을 보면 자세히 알 수 있어요. 지진으로 흔들릴 때, 흔들림이 멈췄을 때, 건물 밖으로 나갈 때와 나왔을 때, 대피 장소를 찾을 때와 도착한 뒤 해야 하는 상황별 행동 요령뿐만 아니라 집, 엘리베이터, 학교, 마트, 전철, 산과 바다 등 9가지 장소별 행동 요령이 꼼꼼하게 정리되어 있어요. 이 행동 요령은 위급한 상황이 발생할 때를 대비한 안내문이기 때문에 급하게 내용을 파악해야 하는 것은 아니에요. 그러나 실제 위급한 상황이 닥쳤을 때 대처 요령을 바로 떠올릴 수 있도록 여러 번 반복해 읽어 두면 좋아요. 좀 어려운 단어가 있다면 그림과 함께 잘 살펴보면서 어떤 쉬운 말로 바꿀 수 있을지도 생각해 봐요.

어떤 구조물이 가장 튼튼할까요?

학교에서 지진 대피 훈련을 한 적이 있을 거예요. 경보 소리가 크게 울리면 먼저 머리를 감싸고 책상 밑으로 들어간 다음, 경보 소리가 잦아들면 밖으로 나가 운동장에 모여요. 조금 귀찮고 별거 아닌 듯해도 반복해서 훈련해야 실제 상황에서 당황하지 않고 질서 있고 신속하게 대피할 수 있어요. 행정안전부에서는 재난 상황에서 대피할 공간을 미리 알아 두라고 당부해요. 국민재난안전포털 홈페이지에 접속하면 재난이 발생했을 때 국민 행동 요령과 함께 동네마다 재난 대피 장소를 검색해 볼 수 있어요. 대피 시설은 지진, 화학 사고, 민방위 상황, 홍수 등 재난 상황에 따라 달라서 미리 알아 두면 좋아요.

집 또는 건물 밖 대피 장소는 국가 법령으로 지정되어 있어요. 지방 자치 단체에서는 지진이 발생했을 때 주민 안전을 위해 지진 옥외 대피 장소를 지정해 관리해요. 지진재해대책법에는 시설물 안전을 위해 내진 설계를 해야 한다는 내용도 있어요. 내진 설계란 건물이 지진에 무너지는 것을 막기 위해 건물 구조를 튼튼히 하는 설계예요. 그럼 어떻게 해야 건물 구조를 튼튼하게 할 수 있을까요?

아파트나 빌딩 등 우리 주변에서 볼 수 있는 건물 대부분은 사각형 모양이에요. 건물의 기본 구조를 간단하게 생각해 보면, 먼저 건물이 들어설 터를 반듯하게 다진 다음 그 터보다 한 층 높게 기단을 만들어요. 기단에 기둥을 세우고 벽을 만든 다음 지붕을 얹어요. 기둥이 튼튼해야 건물이 쓰러지지 않기 때문이에요. 그렇지만 단단한 재료로 기둥을 세운다 해도 기단이 흔들리면 쓰러질 위험이 있어요. 그래서 각각의 기둥이 흔들리지 않도록 기둥 주변에 지지대 역할을 하는 여러 개 기둥을 더해서 튼튼하게 만들어요. 이것을 '트러스(Truss) 구조'라고 해요. 트러스 구조는 직선 기둥에 대각선 기둥을 덧대어 삼각형 형태의 뼈대 구조를 만드는 공사 기법이에요.

사각형 구조물은 얼핏 보기에 안정적으로 보이지만 힘을 받을 때 직선으로 뻗은 기둥이 움직여 평행사변형 모양으로 변하면서 지탱하는 밑

부분이 안정되지 않아요. 하지만 삼각형 구조물은 어느 꼭짓점에 힘을 주어도 그 힘이 분산되면서 모양은 변형되더라도 안정적이죠. 사각형 구조는 위에서 누르면 힘이 분산되지 않고 기둥으로 전달되어 휘거나 옆에서 밀면 무너질 수 있어요. 반면 삼각형 구조는 위에서 누르면 꼭짓점에서 힘이 아래쪽 좌우로 분산되어 구조가 안정적이고 옆에서 밀어도 끄떡없죠. 따라서 사각형 구조보다 삼각형 구조가 훨씬 안정적이에요. 직선 기둥에 대각선 기둥을 덧붙여 삼각형 형태를 만드는 방법은 다양한데, 대표적으로 프랫(Pratt) 트러스, 하우(Howe) 트러스, 워런(Warren) 트러스가 있어요.

프랫 트러스

하우 트러스

워런 트러스

다양한 트러스 구조물들

트러스라는 말이 생소하겠지만 여러분은 이미 많은 트러스 구조를 주변에서 한 번쯤 보았을 거예요. 건축물 지붕과 한강에 놓인 큰 다리, 철도 다리 등에 트러스 구조를 많이 사용하거든요. 인천 공항 천장을 올려다보면 수많은 트러스 구조를 확인할 수 있답니다. 프랑스 파리에 있는 에펠탑도 세상에서 가장 아름다운 트러스 구조 건축물 가운데 하나예요. 그뿐만 아니라 여러분이 직접 체험할 수 있는 트러스 구조도 있어요. 바로 놀이공원에서 볼 수 있는 롤러코스터예요. 롤러코스터는 아주 높은 구조물의 레일 위로 기차 형태의 탈것이 360도로 회전하거나 매우 빨리 오르내리도록 한 놀이기구죠. 특히 우리나라 놀이공원에 있는 '티-익스프레스'라는 롤러코스터는 레일이 나무로 제작되었지만 트러스 구조로 만들어져서 무척 튼튼해요. 그러니 안심하고 즐겨도 괜찮아요.

과학

백두산이 폭발한다면?

2019년 개봉한 〈백두산〉은 백두산 화산 폭발을 소재로 한 영화예요. 백두산 폭발로 규모 7이 넘는 강력한 지진이 평양을 뒤흔들고 그 영향으로 서울에 사는 주인공들까지 지진을 느끼죠. 이후 서울까지 강타한 지진으로 도로가 붕괴하고 건물이 무너져요. 영화 속 이야기 말고 실제로 백두산 화산이 폭발하면 어떻게 될까요?

지진은 지구 내부에서 오랫동안 쌓인 힘이 갑자기 터져 나와 그 충격으로 지구 표면의 땅이 흔들리는 현상이에요. 폭발 충격으로 아주 큰 힘이 마치 물결처럼 요동치며 사람들이 사는 땅을 뒤흔들죠. 스티로폼 판

을 양손으로 잡고 힘을 가하면 어느 순간 스티로폼 판이 부서져요. 마찬가지로 지구 내부에서 폭발한 에너지가 크면 땅이 흔들리고 갈라져서 집이 무너지는 등 아주 큰 피해가 발생해요.

지진과 화산 활동은 비슷한 곳에서 발생하며 영향을 주고받아요. **화산 활동**은 지구 내부 에너지가 지각 틈을 통해 마그마나 가스, 화산재, 암석 형태로 분출하는 작용을 말해요. 땅속 깊은 곳에 있는 마그마 때문에 압력이 매우 올라가 지각의 약한 부분으로 화산 폭발이 일어나고, 마그마와 수증기 압력이 주변 지각에도 영향을 미쳐 지진으로 이어져요.

1925년을 마지막으로 스물다섯 차례가 넘는 화산 활동을 한 백두산은 아직도 언제 분화할지 모르는 활화산이에요. 언제든 분화할 수 있고 얼마나 강력한 피해를 줄지 모르기 때문에 우리나라를 비롯한 동아시아 주변국은 긴장을 늦출 수 없어요. 하지만 과거 10세기 무렵 크게 분화했던 백두산 화산을 연구한 전문가들은 140km 떨어진 호수 퇴적물에 쌓인 지층 연구에서 화산 분출과 지진의 영향을 발견하지 못했대요. 이를 근거로 백두산 화산 폭발로 지진이 일어나더라도 그 영향이 100km를 넘지 않는다고 보기도 해요.

화산이 강력하게 폭발하면 하늘을 덮을 정도로 많은 양의 화산재가 분화구로 뿜어져 나와요. 화산재가 햇빛을 가려 광합성을 못한 식물은 제대로 성장하지 못하고 죽게 되죠. 식물뿐만 아니라 사람을 포함한 동물도 대기 중에 섞인 화산재로 숨쉬기가 힘들어져요. 화산재가 사람과 동식물이 사는 터전을 모두 뒤덮어 버리고, 뜨거운 용암이 흘러내려 곳곳이 불타 지형 자체가 바뀌거나 도시 전체가 사라질 수도 있어요.

고대 로마의 도시 이탈리아 폼페이는 79년 8월 24일, 베수비오산 분화로 도시 전체가 화산재에 묻혀 파괴되고 말았어요. 1592년 수로 공사 중 폼페이 유적이 발견되었는데, 화산 폭발 당시의 참혹한 현장이 드러나 많은 사람이 놀랐어요.

짧은 시간에 땅 모양을 크게 바꾸는 화산 활동이나 지진과 달리 물은 오랜 시간 흐르면서 땅 모양을 서서히 바꾸어요. 땅 표면을 따라 흐르는

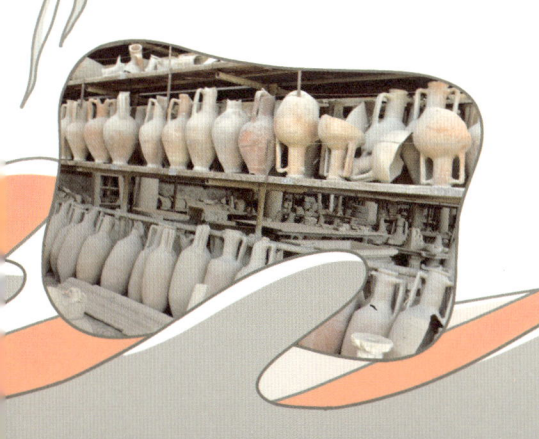
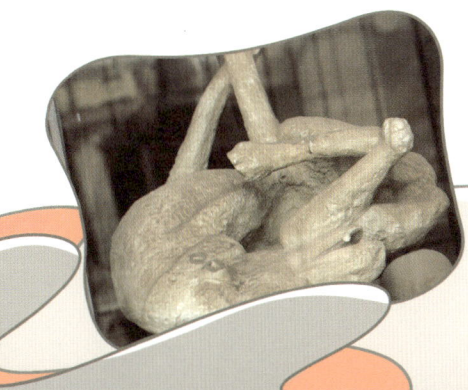

물을 **유수**라고 해요. 샘에서 솟은 물이 골짜기를 흘러 작은 시내를 거쳐 넓은 강으로 나가 평지에 이르러요. 이때 물은 지형을 깎으며 흐르는데, 물에 깎여 나간 흙은 강이나 호숫가에 삼각형 모양으로 쌓여요. 흐르는 물 바깥쪽은 물의 속도가 빨라 흙이 많이 깎이고 수심도 깊어요. 흐르는 물 안쪽은 속도가 느려 흙이 점점 쌓이고 물도 깊지 않죠. 그래서 자연적으로 만들어진 하천은 물이 굽이굽이 흐르는 곡류가 많아요.

물도 심각한 자연재해를 일으킬 수 있어요. 많은 비가 갑자기 내리거나 오랫동안 비가 내리면 계곡이나 하천을 흐르던 물이 넘쳐 논이나 밭, 건물과 집이 잠기고 큰 인명 피해와 재산 피해가 생겨요. 땅의 표면이 약해져서 경사가 낮은 쪽으로 흙이 무너져 내리는 등 산사태가 발생할 수도 있고요. 이렇게 자연재해로 발생하는 재난은 한순간 큰 피해로 이어지기 때문에 늘 미리 준비하고 대비하는 것을 게을리하면 안 돼요.

재난 안내는 알기 쉽게

긴급한 상황에서 어떻게 해야 하는지 알려 주는 재난 문자는 누구라도 쉽고 빠르게 이해할 수 있어야 해요. 재난 문자 발령 이유, 현재 상황, 대피 장소 등 중요한 정보를 포함한 내용을 짧고 명료하게 쓰고, 어려운 한자어는 되도록 쓰지 않는 편이 좋아요. 다음 재난 문자를 누구나 이해할 수 있도록 쉬운 말로 바꿔 써 봐요. 또 지진이 발생했을 때 상황을 담은 그림을 보고 재난 상황 대비 행동 요령을 직접 글로 써 봐요.

튼튼한 트러스 구조 만들기

트러스 구조는 직선 기둥에 대각선 기둥을 덧대어 삼각형 형태로 만든 구조물로 매우 튼튼해요. 트러스 공법은 주로 대형 건축물이나 강을 가로지르는 큰 다리를 만들 때 많이 사용하죠. 트러스 구조가 정말 튼튼한지 모형을 만들어 비교 실험해 봐요.

이렇게 해 봐요

✦ 준비물
마시멜로 40개, 이쑤시개 50개(마시멜로가 없으면 클레이 점토나 컬러볼 과자도 상관없음), 책 몇 권

✦ 실험 방법
❶ 마시멜로 40개와 이쑤시개 50개를 이용해 높이 10cm 이상 되는 트러스 구조물을 만든다.
❷ 비교 실험을 위해 주사위 모양의 육면체 구조물도 같이 만든다.
❸ 트러스 구조물과 육면체 맨 윗부분에 책을 올려놓을 수 있도록 만든다.
❹ 트러스 구조물과 육면체 구조물이 완성되면 책을 하나씩 올리면서 어느 정도 무게까지 견디는지 확인한다. 트러스 구조물과 육면체 구조물 중 어느 구조물이 더 튼튼한지 확인한다.

육면체 구조물   트러스 구조물

쌓은 책 수 _____   쌓은 책 수 _____

결론 _____   결론 _____

일상생활에서 혼합물의 예를 찾고
혼합물 분리 필요성을 이해할 수 있다.

서로 다른 물질로 만들어진 물체들을 비교하여
물체의 기능과 물질의 성질을 관련지을 수 있다.

공익의 중요성을 알고 공익에 도움이 되려는
실천 의지를 기른다.

생명의 소중함을 이해하고 인간 생명과
환경 문제에 관심을 가지며, 인간 생명과 자연을
보호하려는 태도를 기른다.

일상생활에서 환경을 보호하기 위한
실천 계획을 세운다.

공동체 문제를 해결하기 위해 방법을 찾아 실천한다.

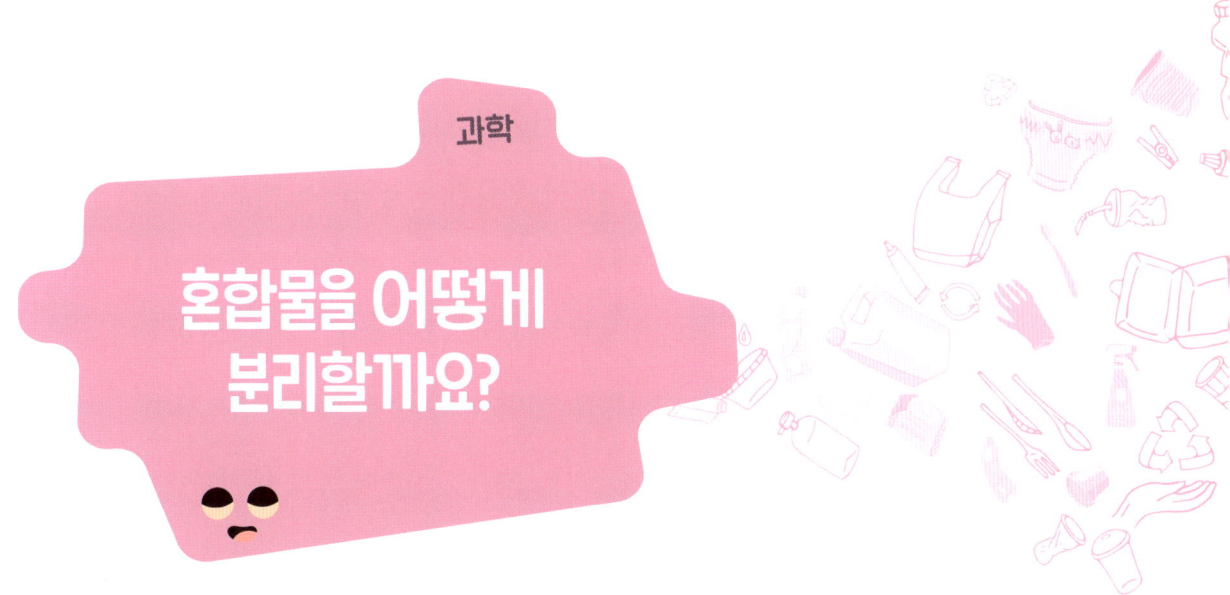

혼합물을 어떻게 분리할까요?

과학

미세 먼지 거르는 마스크의 비밀

"마스크 챙겼니?" 미세 먼지가 하늘을 덮는 날이 늘어난 요즘, 외출할 때 마스크는 꼭 챙겨야 할 필수품이 되었어요. 미세 먼지는 말 그대로 공기 중에 떠다니는 먼지 중 아주 작은 먼지예요. 한국에서는 먼지 지름이 10㎛(마이크로미터) 이하면 '미세 먼지'라 하고, 지름이 2.5㎛ 이하면 '초미세 먼지'라고 해요. 봄철 자주 오는 황사는 뿌연 모래 먼지가 눈에 보이지만, 미세 먼지는 맨눈으로 구별하기 쉽지 않아요. 그래서 맑아 보이는 날이라도 미세 먼지 수치가 높을 수 있어요.

일반적인 먼지는 크기가 커서 코털이나 기관지 점막에서 대부분 걸려요. 그러나 미세 먼지는 크기가 매우 작아 코와 기관지에서 걸리지 않고 우리 몸에 그대로 들어와 쌓이기 때문에 문제예요. 폐로 들어간 미세 먼지는 감기나 기관지염 등 호흡기 질환을 일으키고, 혈관까지 침투한 초미세 먼지가 심혈관 질환을 일으키기도 해요. 특히 자동차 배기가스나 공장 매연에서 배출되는 미세 먼지는 중금속이 많이 들어 있어서 더욱 주의가 필요해요. 공기 중의 미세 먼지가 몸 안에 들어가는 것을 막으려면 마스크를 써야 해요. 그러면 마스크는 어떻게 공기 중에 섞인 미세 먼지를 거를까요?

두 가지 이상의 물질이 섞여 있는 것을 **혼합물**이라고 해요. 혼합물은 우리 생활에서 흔히 찾을 수 있어요. 소시지, 시금치, 당근, 달걀 지단과 같은 여러 가지 재료를 밥과 함께 김에 말아 낸 김밥, 콩을 섞은 콩밥, 소금이 녹아 있는 소금물이 일종의 혼합물이에요. 김밥에 싫어하는 재료가 있을 때 그 재료만 빼거나 콩밥에서 콩을 골라낼 수 있듯이 혼합물은 각 물질의 성질이 달라지지 않은 채로 섞여 있어요. 미세 먼지도 공기 중에 섞인 혼합물로 존재해요. 그런데 눈에 보이지도 않고 손에 잡히지도 않을 만큼 작아서 미세 먼지를 거르려면 다른 방법이 필요해요.

황사용 마스크는 물체끼리 부딪히며 생기는 정전기 현상을 이용해

미세 먼지를 차단해요. 공기가 마스크를 통과할 때 정전기 현상으로 먼지가 마스크의 특수 섬유에 붙어 걸러져요. 미세 먼지를 차단하는 마스크는 KF(케이에프) 마크가 붙어 있어요. KF는 마스크 입자 차단 성능 단위로, 'Korea Filter(코리아 필터)'의 약자예요. KF 마크 뒤에는 숫자가 붙는데, 이 숫자는 미세 먼지 입자 차단 효과를 나타내요. KF80은 평균 0.6㎛ 크기 미세 입자를 80% 이상 거르고, KF94는 평균 0.4㎛ 크기 입자를 94% 이상 걸러 낸다는 뜻이죠. 정전기를 띠는 특수 섬유는 부분별로 양극(+)과 음극(-)의 다른 극성을 띠어서 양극이나 음극 중 하나를 띠는 초미세 먼지가 섬유에 잘 붙게 돼요. 정전기를 띠지 않는 면 마스크는 초미세 먼지를 거르지 못해요. 또한 미세 먼지를 걸러 내는 마스크라도 물에 젖거나 여러 번 사용하면 기능이 떨어지죠.

미세 먼지를 걸러 주는 마스크는 코로나19 같은 바이러스도 막을 수 있어요. 바이러스를 막을 때는 정전기 특성보다도 바이러스 입자 크기가 중요해요. KF94 마스크는 평균 0.4㎛ 크기의 입자를 거르는데, 바이러스 입자가 이보다 크면 걸러지고 작으면 걸러지지 않아요. 코로나19 바이러스 입자의 크기는 0.1㎛가량이지만 5㎛ 정도의 비말(안개처럼 작은 입자의 물방울)로 전염되기 때문에 0.6㎛ 입자를 거르는 KF80 마스크로도 바이러스 입자를 막을 수 있어요. 마찬가지 원리로 혼합물을 분리할 때 물질 크기에 따라 분리할 수 있어요. 과일을 크기별로 골라 나누기도 하

고, 공사장에서는 촘촘한 망으로 자갈과 모래를 분리해요. 어부는 큰 물고기만 그물에 걸리고 작은 새끼 물고기는 빠져나가도록 낚시 그물코 크기를 조정하죠.

이 밖에도 혼합물을 분리하는 방법은 다양해요. 운동장 흙바닥을 자석으로 훑으면 흙에 섞여 있던 철 가루가 자석에 붙어요. 다 쓴 폐건전지도 잘게 부순 후 자석으로 철 가루를 분리해 재활용할 수 있어요. 커피나 차를 끓일 때는 종이 커피 필터나 차 거름망으로 커피 가루와 찻잎을 분리하고, 우리가 매일 먹는 소금은 바닷물에서 수분을 증발시켜 분리해요. 혼합물을 분리하는 다양한 방법을 개발하면 용도별로 필요한 물질을 얻은 데 큰 도움이 돼요.

슬기로운 빨대 찾기

KF80, KF94 마스크에 들어가는 필터는 대부분 폴리프로필렌이라는 물질로 만들어요. 폴리프로필렌을 녹여 수많은 구멍을 통해 실처럼 뿜어져 나온 것을 눌러서 천처럼 만들어요. 마스크 필터 덕분에 코로나19 바이러스 입자를 걸러 내 우리의 건강을 지킬 수 있죠. 폴리프로필렌은 가공 방법에 따라 플라스틱 그릇을 만들 수도 있어요. 가정에서 사용하는 전자레인지용 플라스틱 그릇도 폴리프로필렌으로 만들어요.

여러분 방을 한번 둘러보세요. 책상, 책꽂이, 샤프, 가방, 장난감 등은 어떤 재료로 만들었을까요? 나무, 쇠, 유리보다는 플라스틱으로 만든 물건이 많을 거예요. 플라스틱은 가볍고 제법 튼튼해서 우리가 자주 쓰는 생활용품을 만들기에 편리하죠.

1800년대에는 코끼리의 엄니인 상아를 이용해 당구공을 만들었어요. 그러자 밀렵이 크게 늘어 상아를 대체할 물질을 찾는 과정에서 플라스틱이 처음 발견되었어요. 천연 원료를 사용하지 않는 플라스틱은 단단하고 잘 썩지 않았어요. 열과 압력만 가해 다양한 모양을 만들 수도 있고, 튼튼해서 각종 전자 제품에 널리 쓰였죠. 특히 폴리에틸렌이 개발되면서 플라스틱은 비닐봉지와 플라스틱 용기를 만드는 데 사용되어 주변에서 더욱 흔히 볼 수 있게 되었어요.

플라스틱은 계속해서 새롭게 개발되어 다양한 용도로 쓰여요. 물이 새거나 스며드는 걸 막는 방수 기능과 바람을 막는 방풍 기능이 있는 기능성 옷이나 텐트, 전기가 통하는 기능을 더해 접거나 말 수 있는 차세대 디스플레이 장치를 만들기도 하죠. 인공 피부나 인공 장기 등 의학 분야에서도 사용되어 플라스틱은 우리 생활을 크게 바꾸어 놓았어요.

플라스틱 빨대도 혁신적인 물건 가운데 하나예요. 빨대는 기원전 5000년 무렵 메소포타미아 지역에 살던 수메르인이 짚으로 처음 빨대를

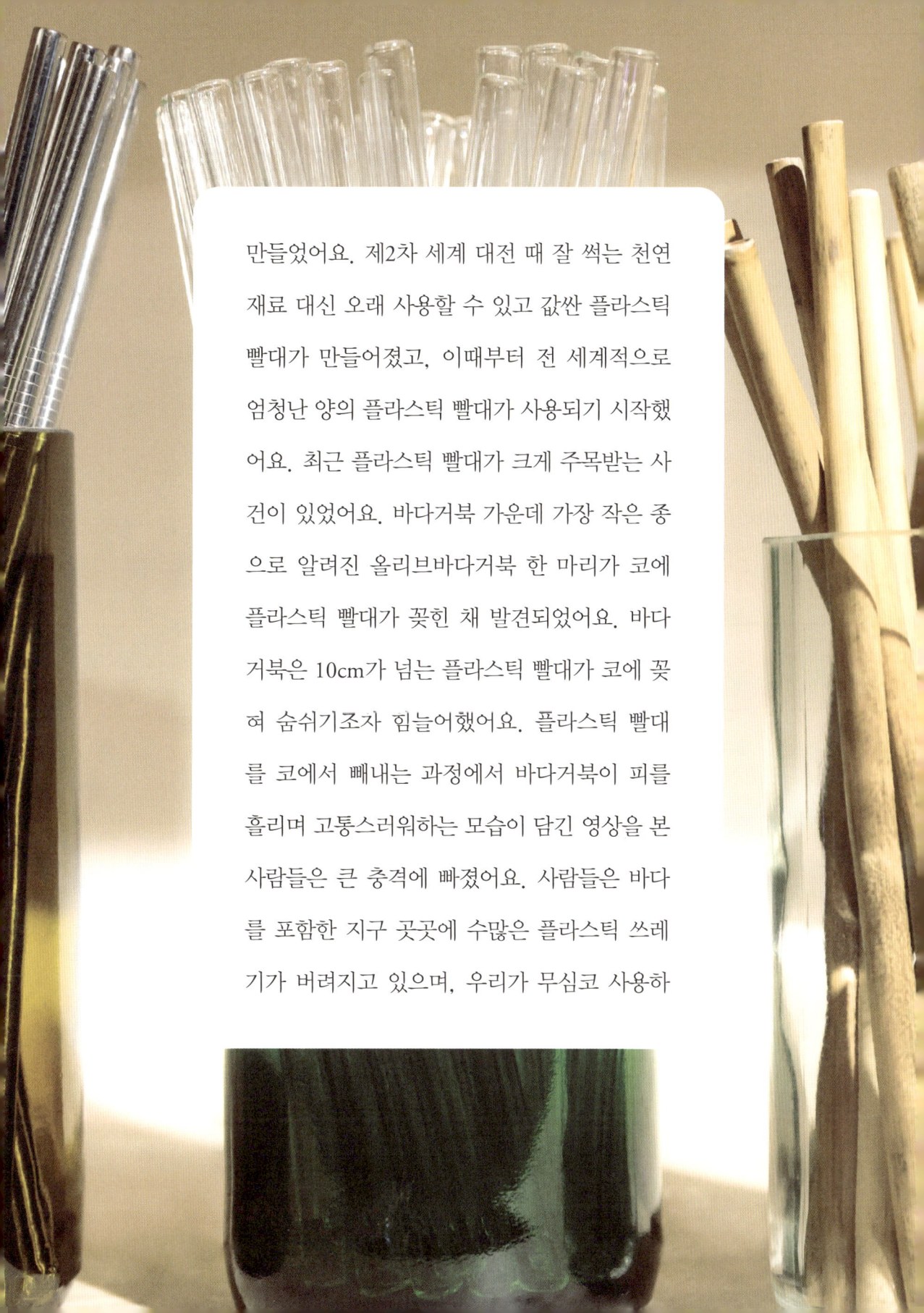

만들었어요. 제2차 세계 대전 때 잘 썩는 천연 재료 대신 오래 사용할 수 있고 값싼 플라스틱 빨대가 만들어졌고, 이때부터 전 세계적으로 엄청난 양의 플라스틱 빨대가 사용되기 시작했어요. 최근 플라스틱 빨대가 크게 주목받는 사건이 있었어요. 바다거북 가운데 가장 작은 종으로 알려진 올리브바다거북 한 마리가 코에 플라스틱 빨대가 꽂힌 채 발견되었어요. 바다거북은 10cm가 넘는 플라스틱 빨대가 코에 꽂혀 숨쉬기조차 힘들어했어요. 플라스틱 빨대를 코에서 빼내는 과정에서 바다거북이 피를 흘리며 고통스러워하는 모습이 담긴 영상을 본 사람들은 큰 충격에 빠졌어요. 사람들은 바다를 포함한 지구 곳곳에 수많은 플라스틱 쓰레기가 버려지고 있으며, 우리가 무심코 사용하는 플라스틱 빨대가 생물에게 어떠한 영향을 미치는지 깨닫게 되었죠.

사람들은 환경에 해가 되지 않으면서도 위생적인 친환경 빨대 만들 방법을 찾기 시작했어요. 종이 빨대는 플라스틱보다는 빨리 썩지만 액체에 오래 담가 두면 녹아서 금방 흐물거려요. 그래서 빨리 마시는 음료를 먹을 때 사용하기 적당해요. 대나무 빨대는 친환경적이지만 나무가 축축하면 곰팡이가 필 수 있어서 주의해야 해요. 옥수수 빨대는 한국에서 처음 만든 녹말 이쑤시개처럼 옥수수 전분으로 만드는데, 위생적이지만 뜨거운 음료에 녹을 수 있어서 찬 음료를 마실 때 사용하기 좋아요.

그 밖에 쌀이나 사탕수수, 커피 찌꺼기로 만든 빨대도 자연 분해가 빨리 되어서 플라스틱 빨대보다 친환경적이에요. 하지만 이런 빨대도 너무 무분별하게 사용하면 쓰레기 양이 늘고, 천연 자원 또한 제한적이니 되도록 안 쓰는 편이 좋겠죠. 앞으로 자연 분해도 잘 되고, 사용하기에도 편리한 친환경 빨대가 개발되기를 기대해 봐요.

도덕

환경을 보호하는 작은 실천

1분의 기적

1997년 요트로 바다를 횡단하는 경기에 참가한 찰스 무어는 바람도 파도도 없는 태평양 위에서 바다를 가득 뒤덮은 플라스틱 조각을 발견했어요. 무어가 발견한 것은 전 세계 바다에 버려진 쓰레기들이 해류와 바람을 타고 흘러든 거대한 플라스틱 쓰레기 섬이었어요. 이 플라스틱 섬은 대부분 썩지 않는 비닐이나 플라스틱 쓰레기로 이루어졌는데, 한국 면적의 열여섯 배나 되었어요.

바다에 버려지는 플라스틱 쓰레기는 해양 생태계에 심각한 위협이 되고 있어요. 바다 생물이 잘게 쪼개진 플라스틱을 먹이로 알고 먹다가 죽거나, 폐그물과 폐비닐 같은 쓰레기에 감겨 목숨을 위협받는 사례가 아주 많아요. 무분별하게 버려진 해양 쓰레기는 바다에서 나는 어패류와 해조류, 소금을 먹는 사람의 건강에도 큰 위험이에요.

'아나바다'라는 말을 들어 본 적 있나요? 아껴 쓰고, 나눠 쓰고, 바꿔 쓰고, 다시 재활용해 사용하자는 뜻이에요. 쉽게 사용하고 쉽게 버리기보다는 아껴 쓰고, 나눠 쓰고, 바꿔 쓰고, 다시 재활용해 사용한다면 배출되는 쓰레기 양을 줄일 수 있어요. 쓰레기를 종류별로 나눠 버리는 분리배출은 물건을 재활용할 수 있는 가장 좋은 방법이에요. 우리가 집에서 버리는 쓰레기를 생각해 볼까요? 음식물 쓰레기는 음식물 쓰레기 처리 공장으로 보내져서 퇴비로 재활용돼요. 종이, 빈 병, 캔, 플라스틱, 비닐 등 재활용할 수 있는 쓰레기를 뺀 나머지 쓰레기는 소각용 쓰레기 봉투에 담겨 불에 태워 없애거나, 잘 썩는 쓰레기는 땅에 묻어요.

바른 분리배출 방법에 대해 좀 더 구체적으로 알아볼게요. 다 먹은 음료수 페트병은 내용물을 깨끗이 비우고 물로 헹궈 라벨과 뚜껑을 분리한 다음 병의 색이 투명인지 색이 있는지 구분해 플라스틱류 배출함에 넣어요. 링 스프링으로 묶인 종이 노트는 철이나 플라스틱으로 된 링 스프링을 떼어 낸 뒤 코팅된 종이 겉표지도 떼어야만 종이를 재활용할 수 있어요. 택배 상자는 겉에 붙은 주소 라벨과 접착테이프를 뜯고 종이류로 배출해요. 장난감은 부속품 재질을 살펴서 플라스틱과 금속 부품을 따로 버려야 하죠. 빨대처럼 작은 플라스틱은 재활용 처리 기계에 잘 끼어서 고장의 원인이 되기 때문에 소각용 쓰레기봉투에 담아 버려야 해요. 종이 빨대도 음료 등 이물질이 묻었다면 재활용이 힘들어요.

　이렇게 쓰레기 하나를 버리는 데도 잘 세척하고 분류하는 노력이 필요해요. 좀 귀찮아도 1분만 시간을 투자하면 지구에서 함께 살아가는 수많은 생명을 살릴 수 있답니다.

지구를 지키는 영웅들

　바다를 떠다니는 거대한 플라스틱 쓰레기 섬을 보고 충격을 받은 찰스 무어는 이후 플라스틱 쓰레기 섬의 존재를 세상에 알리며 해양 환경 오염 전문가로 활동했어요. 찰스 무어뿐만 아니라 기후 변화의 심각성을 고민하다가 환경 운동가가 된 십 대 소녀 그레타 툰베리도 있어요. 그레타는 열다섯 살이던 2018년, 스웨덴 의회 앞에서 팻말을 들고 정부가 기후 위기 대응에 적극적으로 나설 것을 요구하며 용감하게 행동에 나섰어

요. 지금도 전 세계 환경 운동에 앞장서며 발언을 이어 가고 있죠. 개인뿐만 아니라 그린피스, 지구의 벗, 세계자연기금의 세계 3대 환경 단체도 지구 환경 보호를 위해 활발히 활동해요. 한국에도 가장 오래된 환경 단체인 환경운동연합이 활동을 펼치고 있죠. 전 세계적으로 많은 시민 활동가와 단체가 환경 오염으로부터 지구를 구하기 위해 애쓰고 있어요.

  일반 시민 또한 일상생활에서 환경 문제의 심각성을 인식하고 환경 보호를 위해 적극적으로 노력해요. 2007년 태안군 만리포해수욕장 근처에서 일어난 원유 유출 사고는 엄청난 양의 기름이 바다와 해안가를 뒤

덮어 버린 최악의 참사였어요. 넓은 바다와 해수욕장은 검은 타르 기름 덩어리로 오염되어 악취가 진동했고 바다는 도저히 되살릴 방법이 없는 듯 보였죠. 그런데 기적이 일어났어요. 전국에서 모여든 자원봉사자가 손으로 기름을 닦아 내기 시작한 거예요. 사람들은 바다 위와 해안가 바위를 뒤덮은 기름을 흡착포로 일일이 닦았어요. 10년이 훨씬 지난 지금 만리포해수욕장은 검은 기름때를 벗고 청정한 바다 모습을 되찾았어요. 발 벗고 나선 수많은 자원봉사자는 바다를 되살린 영웅들이었죠.

   환경 운동가 그레타 툰베리는 "우리에게는 희망이 필요해요. 그러나 희망보다 필요한 건 행동입니다. 행동하기 시작하면 희망은 어디에나 있습니다."라고 말하며 지구 환경을 위해 행동에 나설 것을 사람들에게 요청했어요. 태안 기름 유출 사고의 사례에서도 보았듯 지구를 지키는 영웅은 멀리 있지 않아요. 귀찮더라도 내가 지금 할 수 있는 일을 찾아 실천한다면, 우리 모두 지구를 지키는 진짜 멋진 영웅이 되지 않을까요?

우유갑으로 재생 종이 만들기

엄청난 양의 쓰레기가 심각한 환경 문제를 일으키자 쓰레기 재활용에 대한 사람들의 관심이 높아졌어요. 여러분이 자주 먹는 신선한 우유의 용기는 비닐 코팅이 되어 있어서 종이류로 분류하지 않고 따로 모아 주로 재생 화장지를 만들어요. 신문지나 휴지, 우유갑으로 재생 종이를 직접 만들어 봐요.

이렇게 해 봐요

✦ 준비물
우유갑 여러 개, 우유갑을 물에 넣을 넓은 그릇, 김발, 수건

✦ 만드는 방법
❶ 우유갑을 잘라 넓게 편 뒤, 하루나 이틀 정도 물에 불린다.
❷ 우유갑 양쪽 면에서 비닐 코팅을 떼어 낸다.
❸ 우유갑을 잘게 찢어 물에 담가 둔다.
❹ 수건 위에 김발이나 체를 놓고, 걸쭉한 죽처럼 된 우유갑을 건져 얇게 펴서 올려놓은 뒤 물기를 뺀다.
❺ 김발이나 체에서 종이 죽을 조심스럽게 떼어 말린다.

✦ 활용하기
우유갑 재생 종이를 예쁘게 오린 뒤, 친구에게 편지를 써서 선물해 보세요.

지구를 지키는 영웅, 나야 나!

환경 운동가 그레타 툰베리처럼 일상에서 실천할 수 있는 일을 찾아 한다면 누구라도 지구를 지키는 영웅이 될 수 있어요. 잠깐의 귀찮음을 극복하고 일상 쓰레기부터 잘 분리배출해 봐요. 다음에 나오는 쓰레기 분리배출 방법을 잘 익혀, 알맞은 분류함에 선으로 이어 봐요.

도움글

- 칫솔은 여러 가지 재료가 섞인 작은 플라스틱이라 일반 쓰레기로 종량제 봉투에 버린다.
- 스프링 노트의 철 스프링은 '철'에 버리고 비닐 코팅이 된 앞면은 일반 쓰레기에, 나머지는 종이류에 버린다.
- 다 마신 페트병은 깨끗이 씻은 다음 뚜껑과 겉 비닐 라벨을 떼어 플라스틱류로 버린다.
- 달걀 껍데기, 조개껍데기, 닭 뼈 등 동물이 먹지 못하는 것은 종량제 봉투에 넣어 일반 쓰레기로 버린다.
- 김치처럼 염분이 있는 자극적인 음식물은 사료나 퇴비로 사용하기 어려우니 씻어서 물기를 뺀 뒤 음식물 쓰레기로 버리거나 일반 쓰레기로 버린다.
- 음식물이 묻은 스티로폼이나 종이 컵라면 용기는 재활용이 불가능하므로 일반 쓰레기로 버린다.
- 도자기 재질 그릇이나 컵, 유리컵은 불연성 폐기물로 '불에 타지 않는 쓰레기용 봉투'에 따로 버린다.
- 감열지(열을 가하면 색이 나타나는 종이)로 만든 영수증, 코팅 벽지, 은박지, 부직포 등은 종량제 봉투에 담아 일반 쓰레기로 버린다.
- 과일 낱개 포장재는 일반 쓰레기로 버린다.
- 아이스팩은 내용물을 버리고 비닐류로 분리배출하거나 내용물을 버리지 못하면 일반 쓰레기로 버린다.

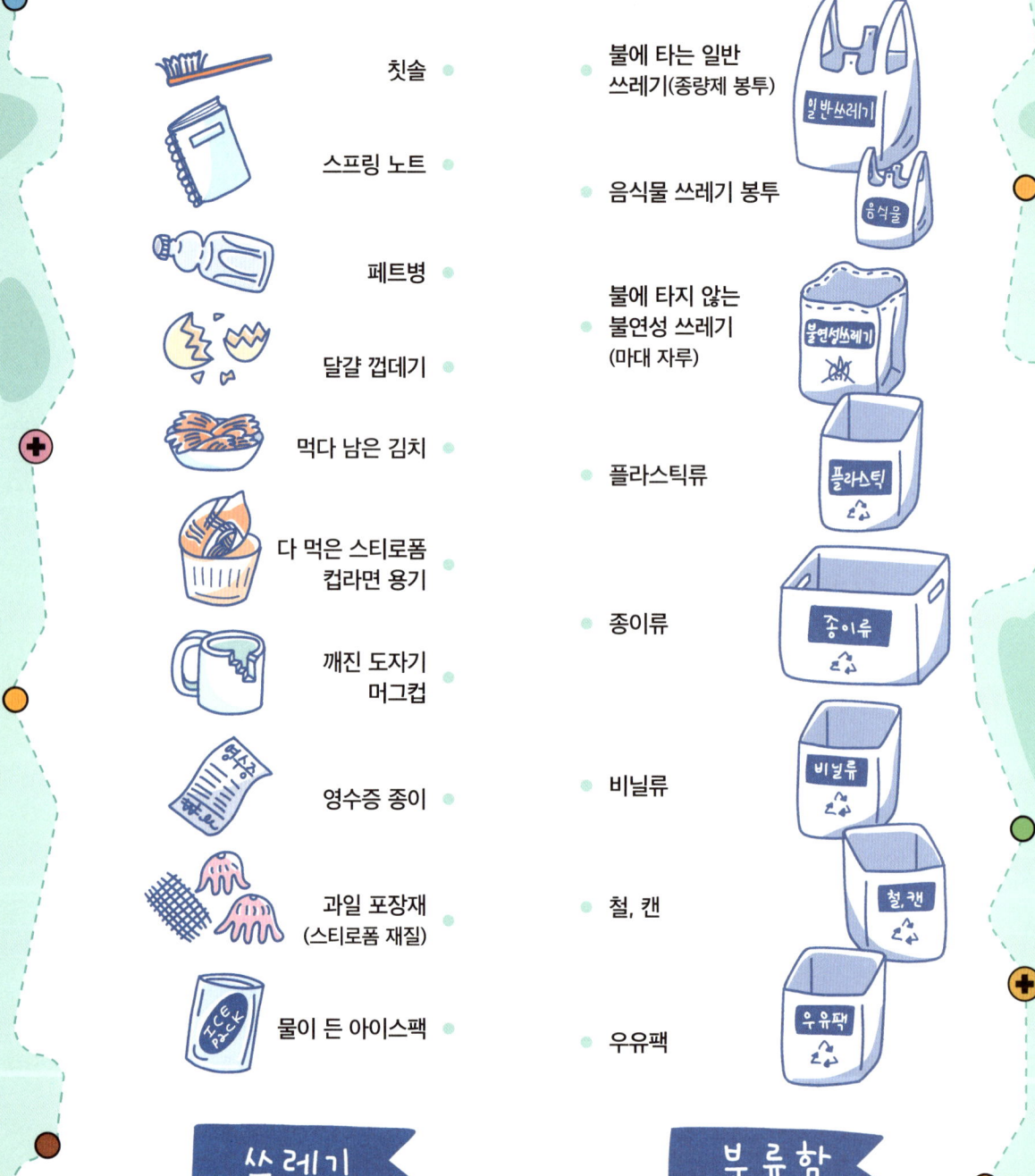

사각지대에
속지 않는 법

다양한 세상
존중하기

6 편견과 차별

직접 본 것, 모두 사실일까?

관점을 넓히는
시야 각도

4-2 과학   그림자와 거울
4-2 사회   사회 변화와 문화의 다양성
4-1 수학   각도
3, 4학년 미술   픽토그램 만들기

물체와 평면거울, 오목거울, 볼록거울에 비친 모습을
비교하여 거울의 성질을 이해할 수 있다.

일상생활에서 거울을 이용하는 예를 알고
거울의 성질과 관련지어 그 기능을 이해할 수 있다.

우리 사회에 다양한 문화가 확산되면서
생기는 문제(편견, 차별 등)의 해결 방안을 탐구한다.

다른 문화를 존중하는 태도를 기를 수 있다.

전하고자 하는 의미를 간단한 그림 기호로
잘 전달할 수 있다.

과학

사각지대에 속지 않는 법

　옷 가게에서 사고 싶은 옷을 골라 입고 매장 거울에 비춰 봐요. 거울 속 내 모습이 어쩐지 키도 더 커 보이고, 더 날씬해 보여요. 왜 그럴까요? 가게 거울에 그 비밀이 숨어 있어요. 옷 가게의 거울은 실제 모습과 조금 달라 보여요. 겉이 평평한 평면거울과 달리 겉면이 오목하거나 볼록한 곡면인 거울을 이용해 반사 각도를 조절했기 때문이에요. 밥 먹을 때 쓰는 숟가락은 안쪽이 오목거울, 바깥쪽이 볼록거울이라고 할 수 있어요. 옷 가게에 있는 거울은 주로 오목거울이에요. 오목거울을 살짝 기울여 각도를 90°보다 작게 하면, 몸을 비췄을 때 다리 쪽은 거울과 가깝고 머리 쪽으로 갈수록 거울과 멀어서 실제보다 키가 커 보이고 더 날씬해 보여요. 게다가 옷 가게는 조명까지 밝아서 옷과 피부 색감이 더욱 돋보여요. 가게에서 산 옷을 집에서 입고 다시 거울에 비춰 보면 옷 가게에서 입었을 때와 느낌이 좀 다를 때가 많죠. 거울과 조명이 다르기 때문이에요. 상품을 파는 가게에는 오목거울 외에 볼록거울도 갖춰 놓는데, 볼록거울은 매장을 실제보다 더 넓어 보이게 하는 효과가 있어요.

자동차 앞쪽 옆면에 달린 사이드 미러에 '사물이 거울에 보이는 것보다 가까이 있음'이라고 적힌 문구를 본 적 있나요? 이 말은 빛의 반사 원리를 떠올리면 이해할 수 있어요. 자동차 옆면에 있는 사이드 미러와 자동차 내부에 있는 룸 미러는 대부분 볼록거울을 사용해요. 볼록거울은 반사된 빛이 넓게 퍼져서 눈으로 볼 수 있는 범위를 넓혀 줘요. 그래서 자동차 양옆과 뒤쪽으로 다른 차가 가까이 오는지 잘 확인할 수 있어요. 하지만 볼록거울은 실제보다 사물이 작게 보여서 더 멀리 있는 듯 느껴지기 때문에 경고 문구를 넣은 거예요.

운전자와 보행자 모두의 안전을 위해 매우 중요한 역할을 하는 볼록거울은 구불구불한 도로나 건물 모퉁이에도 많이 설치해요. 길모퉁이에 가려 보이지 않는 곳을 보여 주어 자동차뿐만 아니라 사람도 안전하게 다닐 수 있어요. 자동차 운전자는 차를 몰기 전에 사이드 미러와 룸 미러를 시야에 잘 맞도록 조정해야 해요. 그리고 운전자가 사이드 미러와 룸 미러로 자동차 뒤와 오른쪽과 왼쪽을 아무리 잘 살펴도 사물이 비치지 않는 특정 각도인 '사각지대'가 있으니 더욱 조심해야 해요.

우리는 거울이 실제 모습을 그대로 비춘다고 생각하기 쉽지만 내가 본 것이 꼭 사실이나 진실이 아닐 수 있어요. 오목거울과 볼록거울처럼 조건을 조금만 바꾸면 우리가 보고 싶고 또 보여 주고 싶은 점만 부각하거나 축소할 수 있죠. 마찬가지로 한쪽 생각만 진실이나 사실이라고 믿는 일도 흔히 일어나요. 한쪽으로 치우쳐 공정하지 못한 생각을 **편견**이라고 해요. 자동차를 운전할 때 눈에 보이지 않는 사각지대처럼, 자신의 편견을 제대로 검증하지 않고 사실이라 고집하면 우리가 미처 보지 못하는 생각의 사각지대에 빠지기 마련이에요.

얼마 전까지만 해도 피부색을 살색이라고 부르는 일이 많았어요. 사람마다 피부색은 아주 다양한데, 한국인에게 가장 많은 살갗의 색을 '살색'이라고 이름 붙임으로써 다른 특정 피부색을 차별하는 결과를 가져왔어요. 그래서 요즘은 살색 대신 '살구색'이라는 이름을 써서 피부색에 차별을 두지 않도록 했어요. 시야를 넓혀 생각의 사각지대를 방지할 수 있다면 편견 때문에 생기는 차별을 줄일 수 있어요.

관점을 넓히는 시야 각도

경주마는 달릴 때 눈 양옆에 가리개를 해요. 사람이 눈으로 볼 수 있는 시야 각도는 200°에 불과하지만, 눈이 양옆에 달린 말은 시야각이 350°나 돼요. 이러한 신체 조건 때문에 달리는 말은 옆에서 달려오는 말, 뒤에서 달리는 말까지 볼 수 있죠. 말은 달릴 때 자기 주변에서 달려오는 다른 말들을 보면 쉽게 예민해져요. 그래서 경주할 때 두려움 없이 앞만 보고 달릴 수 있도록 말에게 눈가리개를 씌워요. 눈가리개를 하면 시야각이 100° 정도로 좁아져서 앞만 볼 수 있거든요. '우물 안 개구리'라는 속담을 들어 본 적 있나요? 우물 속에 사는 개구리는 우물 위로 보이는 크기만큼이 하늘의 전부인 줄 알고 살아간다는 뜻이에요. 눈가리개를 쓴 경주마처럼, 우물 안에만 있어서 세상을 바라보는 시야각이 좁아진 거예요. 실제 하늘은 개구리가 보는 것보다 훨씬 더 크고 넓은데 말이에요. 우리는 자기가 아는 것이 세상의 전부라고 여기기 쉬워요. 하지만 세상은 아주 넓고 피부색, 국적, 성격, 생각도 다른 다양한 사람이 어울려 살아가요. 나와 많은 점이 다르다고 해서 그것을 틀렸다고 할 수 없어요. 고정 관념과 편견의 틀을 깨는 일은 큰 용기가 필요해요. 우물 밖으로 한 발짝 용감하게 내디뎌 열린 마음과 넓은 시야각으로 세상을 바라볼 수 있다면 더 많은 것을 알고 경험할 수 있답니다.

사회

다양한 세상 존중하기

모르면 빠지는 편견의 함정

 제사장은 오랜 옛날 신이나 하늘에 제사를 지내는 종교 지도자예요. 하늘이나 신의 뜻을 대신 전한다고 여겨서 사람들은 제사장을 신과 같은 존재로 생각했어요. 제사장을 신격화한 데는 제사장이 입는 옷도 한몫했어요. 청동 거울이 달린 옷이었죠. 고대에는 거울이 만들기 어렵고 아무나 사용할 수 없는 물건이었어요. 제사장은 높은 제단에서 빛이 반사되어 반짝이는 거울을 옷에 붙이고 방울을 흔들면서 하늘의 계시를 받아요. 제단 아래 있는 백성의 눈에 제사장 모습은 마치 신과 같은 존재로 보였을 거예요. 옛사람에게는 거울이 종교적 권위를 나타내는 아주 신성한 물건이었어요.

거울은 이제 아주 흔한 물건이 되었어요. 현대인은 거울이 빛의 반사라는 아주 간단한 과학 원리를 이용한 물건이라는 사실을 대부분 알고 있어요. 그래서 '하늘의 계시'라거나 '거울 속에 새로운 세상이 있다'는 종교적 상상보다는 거울의 과학적 원리를 이해해 유용하게 사용해요. 잘못된 믿음이나 편견을 과학의 발전으로 바로잡은 셈이죠.

요즘 배우기 위해, 돈을 벌기 위해 한국에 온 이주민 수가 크게 늘었어요. 인종, 민족, 언어, 종교, 사회, 문화적 배경이 다양한 구성원으로 이루어진 사회를 다문화 사회라고 해요. 다양한 사회 문화적 배경을 가진 사람들이 함께 모여 살다 보면 갈등이 생기기도 해요. 각자의 문화적 편견 때문에 상대방 문화를 이해하지 못해서 일어나는 일이에요. 한국에서는 남성이 치마 입는 모습을 낯설어하는 사람이 많아요. 치마는 여자만 입는 옷이라는 문화적 편견, 성별에 대한 편견이자 고정 관념이 있기 때문이에요. 스코틀랜드에서는 남성이 치마 입는 것을 이상하게 여기지 않아요. 스코틀랜드 남성은 전통적으로 킬트라는 치마를 입었으니까요. 미얀마에서도 남성은 론지라는 치마를 일상복으로 입었어요. 최근 한국에서도 여학생에게 치마 교복만 입기를 강요하지 않고 바지 교복을 입을 수 있게 선택권을 주는 학교가 늘고 있어요. 편안하고 실용적이라면 어떤 옷이든 자유롭게 입을 수 있다는 열린 생각을 가져 보면 어떨까요? 우리가 당연하다고 여기는 것에 대해 여러 가지 방향으로 다시 생각하고, 자신도 모르게 편견을 갖고 있지 않은지 비판적으로 생각할 필요가 있어요.

한국으로 귀화해 배우로 활동한 어느 배우가 한국에서 겪은 편견과 차별에 관해 이야기한 적이 있어요. 같은 배우라도 멋진 역할은 주로 백인이 맡고, 흑인은 악당이나 좀도둑 역할을 많이 맡는다는 거예요. 인종에 대한 한국 사람의 편견을 보여 주는 부끄러운 이야기였어요. 우리는 자기가 무심코 한 행동에 편견이 담겼음을 미처 의식하지 못할 때가 있어요. 몸에 장애가 있는 친구를 보면서 도와주어야겠다고 생각한 적 있나요? 여러분은 도움을 주려는 마음이지만 상대방은 불편할 수 있어요. 장애가 있어서 아무것도 할 수 없다고 생각하거나, 삶이 불행할 거라는 생각도 일종의 편견이에요. 청각 장애가 있는 친구는 듣고 말하는 방법이 비장애인과 조금 다를 뿐 수화로 충분히 소통할 수 있어요. 손가락이 없는 신체 장애가 있지만 멋진 음악을 연주하는 피아니스트도 있고, 의족을 낀 채 육상 선수로 열심히 활동하는 사람도 있어요.

인간의 존엄성은 인종, 국적, 장애, 성별 등에 따른 차별 없이 존중받아야 해요. 나도 모르게 고정 관념과 편견으로 사람을 대하지 않았는지

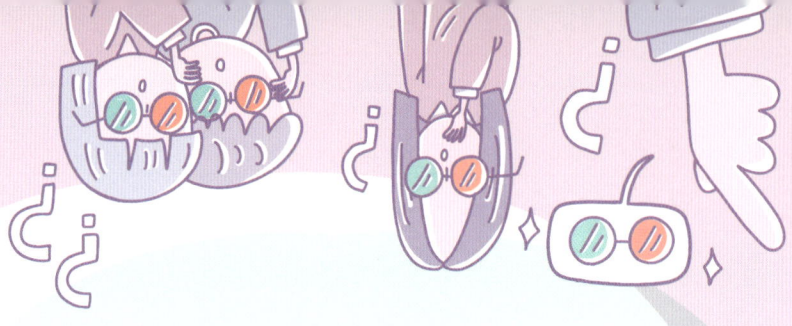

늘 고민하고 행동한다면 세상을 보는 시야도 넓어지고 생각도 훨씬 자유로워진답니다. 그렇게 되면 더 넓은 세상에서 다양한 친구와 함께 자연스럽게 어울려 살아갈 수 있어요.

다름을 인정하고 존중하기

한국에서는 숟가락과 젓가락을 사용해 음식을 집어 먹고, 밥 먹을 때는 말을 많이 하지 않는 것을 좋은 식사 예절로 생각해요. 그런데 네팔 등 몇몇 나라에서는 손으로 밥을 먹는 문화가 있어요. 또 한국에서는 칼을 되도록 눈에 띄지 않게 두지만, 유럽에서는 식탁에

칼이 필수이고 칼과 포크를 놓는 위치까지 정해져 있어요. 프랑스는 식사 시간이 길어서 두 시간 이상 이야기를 나누면서 식사하기로 유명하죠. 다른 나라 사람들은 식사를 빨리하는 한국 식사 문화를 독특하게 여긴다고 해요. 이렇게 나라마다 식사 예절은 참으로 다양해요. 어떤 것이 맞고 틀린지는 단정할 수 없어요. 그저 문화가 다를 뿐이죠.

　문화는 아주 오랜 시간에 걸쳐 형성되었기 때문에 쉽게 바꿀 수 없어요. 서로 다름을 인정하고 이해하는 데서 출발한다면 각자의 문화를 있는 그대로 존중할 수 있어요. 세계화 시대 교류가 활발해지면서 각 나라의 문화를 인정하고 존중하는 흐름은

다양한 곳에서 찾아볼 수 있어요. 특히 남성성과 여성성에 대한 고정 관념과 편견이 점차 깨지고 있어요. 바지, 파란색 옷, 짧은 머리, 판사나 의사 같은 특정 전문 직업은 남자라는 성별을 대표하는 고정 관념이었어요. 여자는 치마, 분홍색 옷, 긴 머리, 현모양처, 선생님이나 간호사 등의 직업에 종사한다는 인식이 굳어져 있었죠. 하지만 요즘에는 성별을 대표하는 고정 관념이 희미해지고 있어요. 각자 취향에 따라 자유롭게 옷을 입거나 머리 스타일을 정하며, 직업도 성별이 아니라 적성과 능력에 맞게 누구나 할 수 있어야 한다고 생각해요. 과거에는 병원에서 일하는 간호사 대부분이 여성이었지만, 최근에는 남성 간호사 비율도 높아졌어요. 또한 남성이 대부분이었던 트럭 운전사, 판사 등의 직업군도 여성이 늘었어요.

예전에는 주로 여성의 역할이던 집안일과 육아도 요즘은 부부가 함께 해요. 아빠도 육아 휴직을 써서 아이를 돌보고 집안일을 해요. 남성의 일과 여성의 일을 따로 나누지 않고 여건과 능력에 따라 서로 도와 가며 함께해 나가는 거예요. 편견이나 고정 관념은 생각의 틀을 좁혀요. 다양성을 인정하고 열린 마음으로 서로를 존중하면 모두가 더 자유롭고 인간적인 삶을 살 수 있답니다.

편견 없는 픽토그램 만들기

픽토그램(pictogram)은 그림을 뜻하는 영어 '픽처(picture)'와 짧은 정보 글인 전보를 뜻하는 영어 '텔레그램(telegram)'의 합성어로, 일종의 그림 문자라고 할 수 있어요. 그런데 정보를 압축해 담은 단순한 그림 문자에도 고정 관념과 편견이 담길 수 있어요. 아래 픽토그램에서 어떤 고정 관념과 편견을 엿볼 수 있는지 서로 말해 보고, 편견이 담기지 않은 픽토그램을 직접 만들어 봐요.

남녀를 치마, 바지, 색깔로 구분한 픽토그램

남녀를 치마, 바지로 구분한 픽토그램

동등하게 남녀를 표현한 픽토그램

보행자를 여성으로 표현한 픽토그램

여아와 남아를 복장으로 표현한 픽토그램

보행자를 여성으로 표현한 픽토그램

내가 만든 픽토그램을 소개합니다~

✦ 남녀 화장실 픽토그램

✦ 교통안전 표지판 픽토그램

옛날과 오늘날의 통신 수단에 관한 자료를 바탕으로
통신 수단의 발달에 따른 생활 모습 변화를
이해할 수 있다.

사회 변화(정보화, 세계화 등)로 나타난 일상생활의
변화 모습과 문제점을 알고, 정보 사회에서의
바른 태도를 이해한다.

일상생활에서 지석이 사용되는 예를 알고,
자석의 성질과 관련지어 그 기능을 이해할 수 있다.

통신 수단의 특징과 방법을 파악해
잘 활용할 수 있다.

글과 그림으로 생각을 분명하게 표현하고
전달할 수 있다.

사회

다양한 방법으로 소통해요

암각화에서 휴대 전화까지

　대한민국 국보로 지정된 '울주 천전리 암각화'에는 각종 기하학적 문양과 그림이 새겨져 있어요. 세계에서 가장 오래된 고래 사냥 암각화인 '울주 대곡리 반구대 암각화' 역시 국보로 지정되어 보호받죠. 문자가 없던 시절 고대인은 동굴 벽이나 커다란 암석에 그림을 그려 정보를 남겼어요. 돌이나 금속 같은 단단한 도구로 바위 표면을 쪼거나 긁어서 동물과 인물 또는 기하학적 문양 등을 새긴 그림을 **암각화**라고 해요. 신석기 시대부터 청동기 시대에 걸쳐 그려진 암각화에는 여러 동물, 사냥하는 사람 모습이 새겨져 있는데, 울주 대곡리 반구대 암각화에는 특히 고래 그림이 많아요. 그 밖에 사슴과 호랑이 같은 육지 동물, 고래 중심의 해양 동물, 사람, 배, 그물, 작살도 그려져 있죠. 당시 사람들은 사냥할 동물의 종류와 사냥 방법에 관한 지식을 돌에 그림으로 새겨서 가르쳤으리라 추측해요. 암각화 덕분에 우리는 옛날 해양 동물과 육지 동물의 종류와 생태, 사냥 방법 등을 알 수 있답니다. 암각화가 현대인에게 보내는 고대인의 메시지가 된 셈이죠.

옛날 사람들은 그림뿐만 아니라 동물을 이용해 소식을 전달하기도 했어요. 비둘기는 똑똑하고 영리하며 집으로 돌아오는 귀소 본능이 있어서 사람들은 아주 오랜 옛날부터 비둘기를 길들여 소식을 전하는 데 이용했어요. 고대 이집트에서는 비둘기 다리에 쪽지를 매달아 날렸는데 교통수단이 발달하지 못했던 고대에 소식을 가장 빠르게 전달하는 방법이었을 거예요.

통신 수단은 교통수단이 발달하면서 크게 변화했어요. 불과 연기를 피워 적의 침입을 알렸던 봉화, 말을 이용해 소식을 전한 파

발, 자전거와 기차 등 탈것을 이용한 우편 등 다양하게 발전했죠. 오늘날처럼 휴대 전화로 메시지를 주고받는 통신의 시작은 모스 부호예요. 모스 부호는 점과 선을 이용해 만든 문자 기호를 전기 신호로 보내는 통신 방법이에요. 1832년 뉴욕의 화가 모스는 프랑스 여행을 마치고 귀국하는 도중 여객선에 함께 타고 있던 학자에게서 전기 이야기를 듣고 아이디어를 떠올렸어요. 그는 점과 선 배열로 문자와 숫자를 표기하고 이것을 전기 신호로 보낸 다음, 전자석으로 펜을 움직여 기록하는 방법을 생각해 냈어요. 모스 부호의 발명으로 사람이나 동물이 직접 소식을 전달하는 방식에서, 전기를 이용해 통신하는 새로운 시대가 열렸어요.

최근에는 다양한 통신 수단이 발달해 모스 신호를 사용하는 사람은 많지 않아요. 주로 통신이 어려운 재난 상황이나 항해하는 배에서 군사용 목적으로 사용돼요. 모스 부호 통신은 재난 상황 같은 긴급한 때에 사용하기 때문에 정해진 통신 예절이 매우 중요하고, 일정한 지식과 자격을 갖춰야 사용할 수 있어요. 음성과 모스 부호로 교신하는 아마추어 무선(HAM)을 취미로 하는 사람들도 있어요. 일반인이 취미로 아마추어 무선을 하려면 자격을 갖추고 허가도 받아야 하며, 주기적으로 무선국 허가 갱신도 해야 해요. 아마추어 무선 또한 교신 중에는 약속된 언어를 사용하고 정해진 예절을 꼭 지켜야 하는 통신 활동이에요.

말 한마디로 천 냥 빚 갚기

조선 시대 왕의 명령을 수행하는 관아인 승정원에서는 《승정원일기》라는 업무 일지를 매일매일 기록했어요. 여기에 '전어기가 있어 시시각각 소식을 신속하게 전할 수 있다'는 기록이 나와요. 우리나라에 들어온 전화기에 대한 최초 기록이에요. 당시 전화는 임금의 침소, 궁궐과 각 정부 기관, 평양과 인천 등에 총 열두 대가 설치되어서 임금과 정부 기관 사이에 전화 통화로 어명이 전달되었어요. 임금이 전화기로 어명을 전달하면 신하는 임금을 대하듯 관복을 차려입고 전화기 앞에서 큰절을 세 번 올린 뒤 엎드려 전화를 받았다고 해요.

서울에서 인천까지 전화를 연결한 지 사흘째 되던 날, 고종이 전화를 걸어 '김창수의 사형 집행을 멈추라'는 어명을 내렸어요. 김창수는 살해 혐의로 사형이 선고된 스무 살 청년이었어요. 명성 황후 시해 사건 범인으로 의심되는 일본인을 살해하고 '국모의 원수를 갚기 위해 김창수가 왜인을 죽였다'는 포고문을 써 붙인 인물이었죠. 김창수의 살해 동기를 뒤늦게 전해 들은 고종은 그를 특별 사면하기 위해 다급하게 전화를 이용했어요. 전화기 덕분에 목숨을 구한 이 청년이 바로 독립운동가 백범 김구 선생이에요. 김구 선생은 이 일화를 《백범일지》에 적어 놓았답니다. 만약 전화기가 없었다면 대한민국 역사가 달라졌을지도 몰라요.

스마트폰 시대에 접어들어 누구나 쉽게, 언제 어디서나 통화를 할 수 있게 되었어요. 요즘엔 음성 통화가 아니더라도 문자나 실시간 SNS(소셜 네트워크 서비스)로 쉽게 대화를 나누고 정보를 공유해요. 온라인으로 빠르게 소통하다 보니 줄임말과 이모티콘 사용도 늘어났어요. 긴 단어를 짧게 줄이거나 그림 문자인 이모티콘을 사용하면 더 빠르고 재미있게 소통할 수 있는 장점이 있지만, 대화 예절이 생략되는 일도 많아요. 여럿이 동시에 대화할 때 자칫 오해를 불러일으키기도 쉬워요.

최근에는 사이버 폭력이 심각한 사회 문제가 되고 있어요. 2022년 우리나라 청소년과 성인 중 사이버 폭력 피해를 경험한 사람은 26% 정도로 열 명 중 세 명꼴로 사이버 폭력을 경험했다고 해요. 익명으로 활동하는 사람이 많은 사이버 공간에서는 비난과 욕설, 편견과 차별이 담긴 말이나 잘못된 정보가 빠르게 퍼지며 그 피해 사례가 크게 늘고 있어요. 사이버 폭력은 피해를 당하는 사람에게 엄청난 고통을 주는 일이에요. '말 한마디로 천 냥 빚을 갚는다'는 속담이 있어요. 한마디 말이라도 듣기 좋고 예의 바르게 하면 어떤 어려운 문제도 해결할 수 있다는 뜻이에요. 그만큼 말을 어떻게 사용하는지가 중요하다는 뜻이죠. 쉽고 빠르게 대화할 수 있는 시대일수록 말 한마디에 예의와 배려, 존중을 담아야 해요.

편리한 만큼 지켜야 할 것

한국은 1990년부터 컴퓨터가 일반화되면서 인터넷 사용자가 늘어났어요. 현재는 전 세계에서 인터넷 네트워크가 잘 되어 있는 나라로 손꼽힐 정도죠. 특히 무선 인터넷 보급은 휴대 전화를 이용해 시간과 장소에 얽매이지 않고 사용할 수 있는 환경을 만들었어요. 학교, 도서관, 식당뿐만 아니라 길을 걸으면서도 인터넷 접속을 통해 대화를 나누며 정보를 주고받아요. 그런데 이처럼 클릭 몇 번으로 빠르고 쉽게 원하는 정보를 얻을 수 있다 보니 저작권 문제가 생겨나기 시작했어요.

글, 미술, 영상, 사진, 학문 연구 등의 창작물을 독점적으로 이용하거나 판매, 이용 허락을 할 수 있는 인격적·재산적 권리를 **저작권**이라고 해요. 글을 쓰거나 그림을 그리고 사진을 찍는 등 창작물을 만들면 만든 사람에게 저작권이 생기는데, 저작권자 외에는 창작물을 함부로 이용하거나 인터넷상에 마음대로 퍼뜨릴 수 없어요. 만약 다른 사람의 창작물을 자신이 창작한 듯 속여 인터넷에 올리거나 판매하면 법을 어기는 것이고 실제 창작자에게도 피해를 주게 되죠. 창작물을 만들면서 들인 시간과 비용 등의 노력, 창작자가 창작물로 얻게 될 수익을 가로채는 일이니까요. 그뿐만 아니라 정보를 이용하는 이용자에게도 피해가 가요. 누군가 창작물을 가로채 판매한 상품을 구입했다면, 정품이 아닌 가짜 상품을 속아서 구매한 셈이 되겠죠. 따라서 다른 사람이 만든 창작물은 만든 사람의 동의 없이 함부로 사용해서는 안 돼요.

요즘에는 저작권자에게 직접 허락받지 않더라도 창작물에 표시된 저작물 이용 허락 표시(CCL)로 사용 가능 범위를 확인할 수 있어요. 저작권 표시(BY), 상업적 사용 금지를 표시하는 비영리(NC), 저작물 변경 금지(ND), 이용 허락 표시를 동일하게 표시하는 조건으로 변경 허락(SA)이라는 조건이 있어요. 자신의 창작물을 온라인상에 올릴 때도 저작물 이용 허락 표시를 이용해 사용 범위를 제한할 수 있답니다.

과학

자석으로 전화기를 만들었다고요?

　전자석을 이용한 모스 전신에서 시작된 통신은 음성을 전기 신호로 바꾸어 먼 곳으로 전송하고, 이 신호를 다시 음성으로 재생함으로써 멀리 떨어진 사람과 통화를 가능하게 하는 기술로 발전했어요. 1800년대에 개발된 모스 전신은 전자석을 활용한 통신 장치와 약속된 기호로 구성돼요. 자석의 일종인 전자석은 전류가 흐르면 자기력을 띠고 전류가 흐르지 않을 때는 자석의 성질을 잃어요. 유선 전화기도 자석을 이용해요. 전화기에 연결된 송수화기에서 송화기에 대고 말을 하면 전화기 내부 자석이 음성을 전기 신호로 바꾸고 전선을 통해 상대방의 수화기(소리를 듣는 부분)에 전달되는 원리예요. 전달된 전기 신호는 상대방 수화기에서 다시 사람 음성으로 바뀌어 들리죠.

 1876년 벨이 발명한 전화 덕분에 복잡한 기호로 소통하는 모스 전신에서 일반 사람도 쉽게 사용할 수 있는 전화로 기술이 더욱 발전하게 되었답니다. 초창기 전화기는 손으로 자석 발전기를 돌려 상대방을 호출하는 자석식 전화기였어요. 그 뒤 에디슨의 발명으로 교환국을 통해 연결되는 공전식 전화기가 제작되었고, 1891년 스트로우저에 의해 회전 장

치로 숫자를 입력하는 자동식 다이얼 전화기가 발명되었어요.

　우리나라도 1902년 3월 20일, 서울과 인천을 잇는 전화가 처음 개통되었어요. 당시에는 전화기를 '덕률풍'이라고 불렀는데, '텔레폰'과 비슷한 한자음을 붙인 이름이죠. 우리나라의 통신 기술은 꾸준히 발전해서 1987년에는 1가구 1전화기 시대가 열렸고, 1993년에 이르러서는 1인 1전화기의 개인 통신 시대에 접어들었어요. 1990년대에 들어서면서 '삐삐'라는 무선 호출기가 크게 유행했어요. 그리고 드디어 2000년대 후반, 인터넷 서비스와 전화가 결합된 스마트폰이 등장했답니다. 지금은 스마트폰 없는 사람을 찾기가 힘들 정도로 우리 삶 깊숙하게 자리 잡았어요.

그림 문자로 편지 쓰기

문자가 없던 시대에는 벽화에 그림으로 메시지를 남겼어요. 고대 동굴 벽화를 보면 들소, 사슴, 말 등 다양한 동물 모습이 그려져 있는데, 당시 구성원이 알아야 할 중요한 정보를 담은 것으로 추측돼요. 오늘날 우리도 고대 벽화를 보면서 그 시기의 생활 모습을 알 수 있어요. 한 번 보면 누구나 의미를 쉽게 알 수 있는 그림 글자를 만들어 가족이나 친구에게 하고 싶은 말을 담은 쪽지를 전해 봐요.

✦ 그림 글자 메시지로 편지를 보내요. 안녕~

✦ 학교 끝나고 집에 가는 길에 맛나 떡볶이 집에서 간식 먹고 가자~

✦ 엄마 아빠, 오늘도 힘내세요!

모스 부호로 암호 만들기

재난 상황을 다룬 영화 〈엑시트〉를 보면 SOS 구조 신호를 보낼 때 등장인물들이 모여 "따따따, 따아 따아 따아, 따따따!" 하고 외치는 장면이 나와요. 이 구호는 모스 부호를 의성어로 바꾼 신호로, 무선 전신에서 전 세계 공통으로 사용되는 조난 신호(구조를 요청하는 통신)예요. 소리로 외치는 모스 부호 외에 휴대 전화 불빛을 사용해 조난 신호를 보내기도 해요. 다음에 나오는 모스 부호를 잘 보고, 가족이나 친구에게 휴대 전화 불빛이나 의성어로 짧은 암호를 보내 봐요.

✦ **모스 부호 사용 방법**
❶ • 은 1초간 누른다.
❷ ─ 은 3초간 누른다.

SOS(구조를 위한 대표적인 모스 부호) ••• ─── •••
의료 MDC(의료가 필요한 경우 모스 부호) ── ─•• ─•─•
안녕 VA(인사할 때 모스 부호) •••─ •─

한글 모스 부호

ㄱ	・－・・	ㄴ	・・－・	ㄷ	－・・・	ㄹ	・・・－
ㅁ	－－	ㅂ	・－－	ㅅ	－－・	ㅇ	－・－
ㅈ	・－－・	ㅊ	－・－・	ㅋ	－・・－	ㅌ	・・－－
ㅍ	－－－	ㅎ	・－－－	ㅏ	・	ㅑ	・・
ㅌ	－－	ㅠ	－・・－	ㅓ	－	ㅕ	・・・
ㅗ	・－	ㅣ	・・－	ㅐ	－－・－	ㅖ	－・－・
ㅡ	－・・						

영문과 숫자 모스 부호

A	・－	N	－・	1	・－－－－
B	－・・・	O	－－－	2	・・－－－
C	－・－・	P	・－－・	3	・・・－－
D	－・・	Q	－－・－	4	・・・・－
E	・	R	・－・	5	・・・・・
F	・・－・	S	・・・	6	－・・・・
G	－－・	T	－	7	－－・・・
H	・・・・	U	・・－	8	－－－・・
I	・・	V	・・・－	9	－－－－・
J	・－－－	W	・－－	0	－－－－－
K	－・－	X	－・・－		
L	・－・・	Y	－・－－		
M	－－	Z	－－・・		

지구와 관련된 자료를 통해 지구 모양과 표면의 모습을 이해할 수 있다.

지구 주위를 둘러싸고 있는 공기의 역할을 이해할 수 있다.

달의 모양, 표면 환경을 이해하고 지구와 달을 비교할 수 있다.

지역의 다양한 중심지를 중심으로 위치, 기능, 경관 등의 특성을 알 수 있다.

강과 바닷가 주변 지형의 특징을 하천의 흐름과 관련지을 수 있다.

지리적 특성을 알고, 이것이 사람의 생활에 미치는 영향을 이해할 수 있다.

의식주 생활 모습을 비교하여 환경 차이에 따른 생활 모습의 다양성을 이해할 수 있다.

우리 전통문화와 다른 나라 문화에서 비슷한 점을 찾을 수 있다.

각자의 전통문화를 이해하고 존중할 수 있다.

과학

생명으로 가득한 푸른 구슬

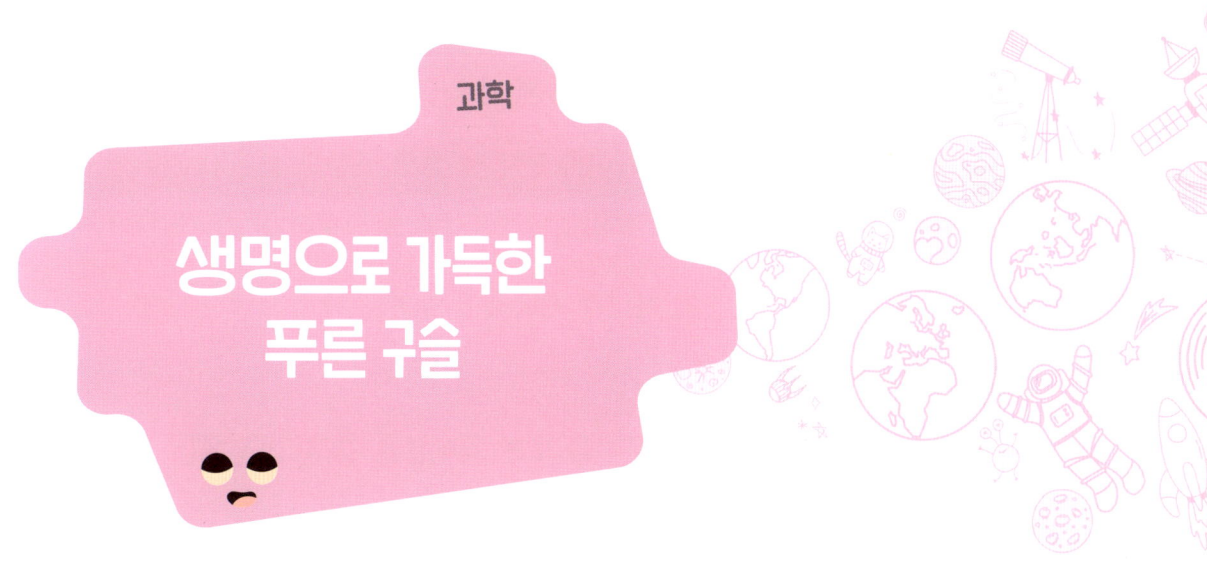

　아폴로 17호 우주 비행사가 달로 향하던 중 지구로부터 45,000km 떨어진 지점에서 촬영한 지구 사진을 보면 지구는 푸르고 동그란 구슬 모양이에요. 그래서 이 사진을 '푸른 구슬(The Blue Marble)'이라고 부르기도 해요. 사람들은 우주에서 찍은 지구 사진을 보기 전에도 지구가 둥글다는 사실을 알았어요. 최초로 세계를 한 바퀴 돌아 여행한 마젤란 덕분이죠. 마젤란이 이끈 탐험대는 에스파냐에서 출발해 대서양과 태평양을 항해한 뒤 유럽으로 다시 돌아오는 긴 여행을 했어요. 이 최초의 세계 일주 항해 덕분에 지구가 둥글다는 것이 증명되었어요. 수평선 너머에서 해안가 쪽으로 큰 요트 한 척이 온다고 가정해 봐요. 요트의 가장 높은 돛 부분이 먼저 보이다가 서서히 배 아래쪽 나머지 선체 부분도 보이기 시작해요. 이것이 지구가 둥글다는 증거예요. 지구가 평평하다면 다가오는 배가 윗부분부터 보이는 것이 아니라 계속해서 앞면만 작게 보이다가 점점 크게 보였을 테니까요.

아폴로 17호가 촬영한 지구 사진을 보면 윗부분은 갈색, 가운데는 푸른색, 아랫부분은 흰색으로 보여요. 지구는 크게 육지와 바다로 나뉘는데 갈색으로 보이는 부분은 아프리카 대륙이에요. 푸르게 보이는 부분은 지구 면적의 대부분을 차지하는 바다고요. 아래쪽 흰 부분은 남극 대륙이에요. 빙하로 덮여 있어 하얗게 보이죠. 우주에서 본 지구가 푸른빛을 띠는 이유는 바다뿐만 아니라 지구를 둘러싼 대기와도 관계가 있어요. 물과 공기는 층이 두꺼우면 푸른색을 내는데, 지구는 대략 200km 두께의 공기로 둘러싸여 있어서 아주 푸르게 빛난답니다.

태양계 안에서 지구처럼 물과 공기가 풍부한 행성은 없어요. 이 물과 공기로 지구는 수많은 생명을 품고 있어요. 지구를 둘러싼 공기층은 우주에서 오는 해로운 우주 방사선이나 운석으로부터 생명체를 보호해요. 대기 중의 수증기를 비롯한 기체 분자는 태양으로부터 오는 열을 흡수해 보관함으로써 낮 동안 지구 표면 온도를 적절히 유지시켜 수많은 생명이 살아갈 수 있도록 돕죠.

아폴로 17호는 달에 도착해 여러 가지 달 탐사 활동을 했어요. 달은 지구 주위를 돌며 **공전**하는 동시에 스스로 돌며 **자전**하기 때문에 지구에서는 달의 앞면만 볼 수 있어요. 하지만 아폴로 17호가 달 뒷면을 촬영하는 데 성공했죠. 달도 지구처럼 둥근 공 모양이고 표면은 지구처럼 단단한 땅으로 되어 있어요. 달에도 바다가 있지만 달의 바다에는 물이 없어요. 지표면의 어두운 부분을 바다라고 부를 뿐이에요. 또 달은 열을 흡수할 대기가 없어서 태양 빛을 받으면 지표 기온이 영상 130℃까지 올라가지만, 태양 빛을 받지 못하면 영하 170℃까지 기온이 내려간답니다. 달에서는 토끼가 살아가기 어렵겠죠?

함께 살아가는 지구촌 공동체

사회

부루마불로 떠나는 세계 여행

주사위를 던져 세계 유명 도시를 돌며 별장, 호텔, 빌딩을 짓는 보드게임이 있어요. 부루마불이죠. 부루마불이라는 이름은 아폴로 17호에서 촬영한 지구 사진인 푸른 구슬(The Blue Marble)에서 따왔다고 해요. 게임에 등장하는 도시 중에는 한국의 서울, 제주도, 부산도 있어요. 이 세 도시는 대한민국을 대표하는 중심지이기도 하죠. **중심지**는 어떤 일이나 활동을 하기 위해 사람들이 많이 모이는 곳으로 각종 시설과 건물이 많은

SEOUL   PUSAN

곳을 말해요. 중심지는 다른 지역과 어떻게 다를까요?

　대한민국 수도인 서울특별시는 정치, 경제, 사회, 문화의 중심지예요. 서울에는 대통령 집무실과 정부 서울 청사를 비롯한 중앙 행정 기관, 헌법 재판소, 국회, 대법원 등 국가 주요 기관이 모여 있어요. 또 주요 대기업 본사, 상가와 시장, 백화점, 대형 할인점 등도 밀집해 있어요. 특히 서울은 국립 극장, 세종 문화 회관, 예술의 전당 등 대한민국 문화 활동을 대표하는 공연 시설과 도서관, 박물관, 신문사, 출판사, 방송국, 공원 등이 집중되어 있죠.

　경상남도 동남부에 위치한 부산광역시는 서울 다음으로 큰 도시예요. 한국 최대 해양 물류 도시인 부산은 부산항을 중심으로 해상 무역과 물류 산업이 발달했어요.

　제주특별자치도는 대한민국에서 가장 큰 화산섬으로 한라산 일대의

SYDNEY

아름다운 자연 경관이 유명한 관광 중심지예요. 특히 제주 화산섬과 용암 동굴은 유네스코 세계 자연 유산에 등재되어 세계 여러 나라 사람들이 찾는 곳이기도 해요.

 부루마불 게임에 나오는 다른 나라 도시도 한번 살펴볼까요? 한국과 가까운 도시로는 중국의 베이징, 일본의 도쿄, 싱가포르의 수도 싱가포르가 있어요. 한국의 서쪽으로는 튀르키예의 이스탄불과 이집트의 카이로가 있고, 북서쪽으로는 영국의 런던, 이탈리아의 로마, 독일의 베를린, 덴마크의 코펜하겐, 프랑스의 파리 등 유럽 여러 나라의 유명한 도시들이 있어요. 동쪽으로 태평양을 건너면 미

국의 워싱턴, 캐나다의 퀘벡, 브라질의 브라질리아가 있고, 남쪽으로 오스트레일리아의 시드니가 있어요.

부루마불 보드게임 속 도시들은 여전히 전 세계인의 사랑을 받는 주요 관광지예요. 또한 교통이 발달하면서 우리가 몰랐던 아름답고 멋진 도시들이 여행 중심지로 새롭게 등장하기도 하고, 평범한 시골 마을이나 깊은 정글로 여행을 떠나는 새로운 여행 문화도 생겨났어요. 그뿐만 아니라 지구 밖 우주로 여행을 가는 시대가 열렸고요.

사막 여행에 패딩이라니!

사람들이 여행을 떠나는 이유는 다양해요. 휴식을 위한 힐링 여행, 특색 있는 음식을 맛보기 위한 맛집 여행, 새로운 경험을 위한 체험 여행 등이 있죠. 요즘에는 다양한 문화를 직접 느끼기 위해 '한 달 살기'처럼 일정 기간 길게 머물며 체험하는 여행을 즐기는 사람이 늘었어요. 긴 기간 머물다 보면 여행지의 문화를 더 잘 이해할 수 있으니까요.

한 나라의 환경은 크게 자연환경과 인문 환경으로 나눌 수 있어요. **자연환경**은 인간의 생활, 활동, 생산과 관련한 자연적 배경으로 지형, 기후, 물, 식생, 토양 등이 중요한 요소예요. **인문 환경**은 인간이 자연을 이용해 만든 환경을 뜻해요. 케이-팝과 케이-문화 인기 덕분인지 최근에는 한국의 환경과 문화를 즐기러 오는 외국 관광객이 크게 늘었어요. 한반도의 자연환경은 국토의 70%가 산지로 이루어졌어요. 산지는 주로 동쪽과 북쪽에 분포하며 약초 채취, 버섯 재배, 밭농사, 스키장으로 이용되고 국립 공원으로 지정된 경우가 많아요. 눈이 오지 않는 곳에 사는 동남아시아 사람들에게는 한국의 겨울 스키장이 인기 있는 여행지예요.

대한민국 국토의 서쪽과 남쪽은 평야가 많고 바다로 둘러싸여 있어요. 하천의 침식 작용과 퇴적 작용으로 만들어진 평야는 논농사, 밭농사, 과수원, 도시, 도로 등으로 이용돼요. 우리나라는 삼면이 바다로 둘러싸여 해안선이 긴 것이 특징이에요. 육지와 바다가 만나는 지대인 해안은 반도, 곶, 만, 갯벌, 모래사장으로 이루어져 있는데 주로 해수욕장, 항구, 양식장 등으로 이용해요. 아름다운 바닷가 모래사장은 바람과 파도, 햇빛 등의 영향을 받아 암석이 오랜 시간 동안 부서지거나 분해되는 **풍화 작용**으로 생겨요. 최근에는 파도와 조류에 쓸리면서 모래가 점점 사라지고 있어 대책이 필요한 상황이에요.

해외로 눈을 돌려 한국에서 볼 수 없는 독특한 자연환경도 한번 살펴볼까요? 사하라 사막은 지구에서도 아주 더운 곳으로 손꼽히는데, 이곳을 여행할 때는 패딩 점퍼를 준비해야 해요. 더운데 패딩 점퍼라니 이상하다고요? 적도 근처 아프리카 대륙에 위치한 사하라 사막은 낮 동안은 무척 더워요. 하지만 낮과 밤의 기온 차가 매우 커서 낮에 40~50℃까지 올라간 기온이 밤에는 영하 20℃ 이하까지 내려가요. 그래서 이곳을 여행한다면 패딩 점퍼를 꼭 챙기는 것이 좋아요.

영국의 수도 런던은 한국의 서울만큼이나 멋진 곳이에요. 영국 박물관, 내셔널 갤러리, 런던 타워, 타워 브리지, 버킹엄 궁전 등 유명한 볼거리가 가득해요. 런던 여행을 할 때는 우산을 꼭 챙겨야 해요. 지중해 북쪽에 위치한 런던은 해양성 기후로 바다의 영향을 많이 받아요. 대서양에서 편서풍이 불어와 여름철 기온이 높지 않고 겨울철에도 기온이 크게 떨어지지 않지만, 흐리고 비가 내리는 날이 많아요. 해가 쨍쨍 맑았다가도 갑자기 비가 오기 때문에 우산은 필수랍니다.

로마에 가면 로마법을 따르라

'로마에 가면 로마법을 따르라'는 속담이 있어요. 다른 지역에 갔을 때는 그 지역 문화와 풍습에 맞게 행동해야 한다는 뜻이에요. 지역마다 옳고 그름의 판단 기준이 다를 수 있어서 여행지의 문화를 미리 알고 그곳에 맞는 예의를 갖추어야 해요. 특히 나라 혹은 도시마다 특이한 금지법을 미리 알아 두면 좋아요. 모르고 한 행동으로 법을 위반하게 되면 큰일

이니까요.

　싱가포르에서는 길에서 껌을 씹는 일이 불법이에요. 껌이 사람의 건강과 환경을 해친다고 여기기 때문이에요. 길에서 껌을 씹으면 한국 돈으로 100만 원가량을 범칙금으로 내야 해요. 한국에서는 공원에서 새들에게 먹이를 주는 일이 흔하지만, 미국 샌프란시스코에서는 이것이 불법이에요. 새들이 여러 질병을 퍼뜨리고 새똥으로 건축물이 부식되는 것을 막기 위해서죠. 플로리다주에서는 매주 목요일 오후 6시부터 12시까지 공공장소에서 방귀 금지예요. 환경을 위한 조치라고 하네요. 한국은 휴대 전화 보유율이 95%로 세계 1위를 차지할 만큼 휴대 전화 사용자가 많아요. 안타깝지만 횡단보도 사고의 60%가 휴대 전화 때문에 발생한다고 해요. 이를 예방하기 위해 바닥에 불이 켜지는 횡단보도를 설치하기도 했어요. 휴대 전화를 사용할 때 시선을 주로 아래로 두기 때문에 바닥에 정지 신호인 빨간 불빛과 보행 신호인 초록 불빛이 들어오도록 하면 사고를 예방하는 데 큰 도움이 된다고 해요. 그런데 하와이에서는 산만한 보행 금지법이 있어서 길을 걸으며 휴대 전화를 사용하면 최대 100달러의 범칙금을 물어요. 고대 유적지가 많은 그리스는 유적지에서 하이힐을 금지하고 있고, 스위스에는 소음 방지법이 있어서 아파트에서 밤 10시 이후에는 변기 물을 내리면 안 된다고 해요.

　통신과 교통이 발달하면서 전 세계 사람들의 교류도 활발해지고 있어요. 외국인이 우리나라에 오면 처음 접하는 문화가 낯설고 어려울 거예요. 또 우리가 당연하게 생각했던 것들이 다른 나라에서는 허용되지 않거나 다르게 해석될 수 있어요. 여행객과 이민자가 늘고 있는 이런 때일수록 다양한 환경과 문화에 대한 포용과 이해가 필요해요. 다른 나라의 문화와 환경에 좀 더 관심을 가지고 먼저 알아 가려고 노력해야 하죠. 상대방 문화에 대한 편견을 버리고 문화적 차이를 인정하며 공감대를 넓혀 간다면 전 세계 시민이 더 즐겁고 평화롭게 공존할 수 있을 거예요. 환경과 문화가 조금씩은 다르지만 우리는 지구에서 함께 살아가는 지구촌 공동체니까요.

요리 쏙 조리 쏙
켄다마 만들기

한국, 중국, 일본은 지리적으로 가깝고 자연환경도 비슷해서 유사한 전통 문화를 가지고 있어요. 놀이 문화도 비슷한 것들이 있죠. 그중 한국의 '죽방울'이라는 장난감과, 일본 전통 놀이 '켄다마'에 쓰이는 장난감이 매우 비슷해요. 켄다마는 어릴 때부터 사냥에 필요한 집중력과 순발력을 놀이처럼 즐기며 기르기 위한 일본 전통 놀이라고 전해져요. 켄다마 장난감을 직접 만들어서 놀이해 보고, 우리나라 죽방울 놀이와 비교해 봐요.

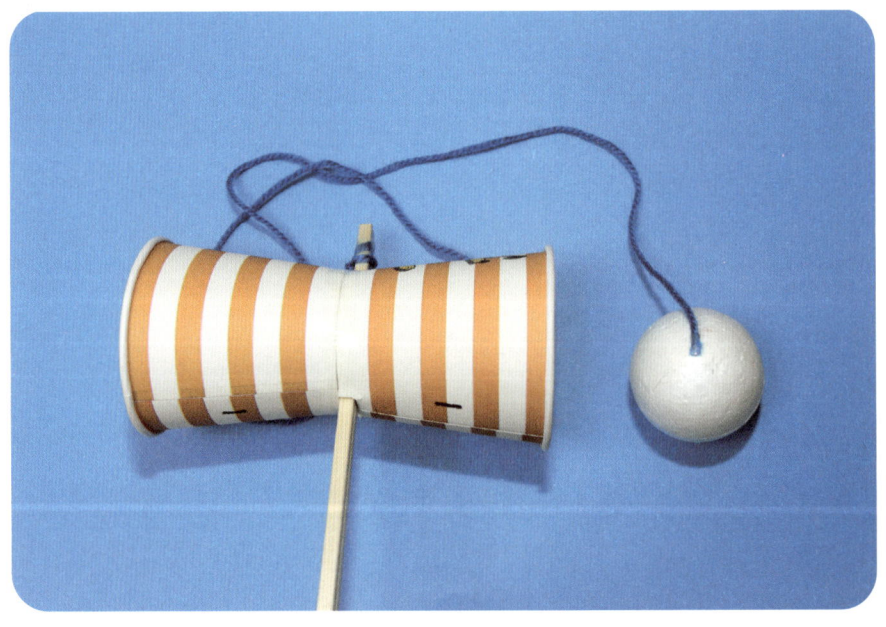

 이렇게 해 봐요

✦ **준비물**

종이컵 2개, 보솜이(탁구공, 플라스틱 공, 솔방울, 종이를 동그랗게 뭉친 공 등), 막대 또는 나무젓가락, 실, 접착테이프, 가위

✦ **만드는 방법**

❶ 막대에 실의 한쪽 끝을 묶어 붙인다.
❷ 종이컵 2개를 바닥 면이 마주하도록 하고 가운데에 막대를 끼운 뒤, 접착테이프로 붙인다.
❸ 실의 다른 쪽 끝에 공을 붙인다.

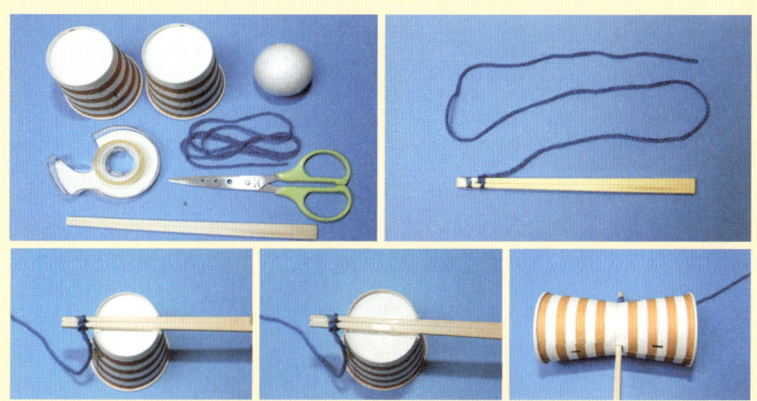

✦ **놀이 방법**

- 공을 위로 올렸다가 종이컵에 넣는다.
- 종이컵 속 공을 다시 위로 올리면서 반대쪽 컵 속에 넣는다.
- 아래, 위 컵 속에 공이 잘 들어가도록 반복한다.
- 친구, 가족과 누가 공을 더 잘 넣는지 시합하면 재미있게 놀 수 있다.

국제 수화를 배워 몸으로 노래를 불러요

수화는 나라마다 다르지만 '국제 수화'는 전 세계적으로 통하는 공통어예요. 세계적으로 인기를 누리는 방탄소년단의 노래 〈퍼미션 투 댄스(Permission To Dance)〉에 맞춰 추는 춤 동작에는 '즐겁다', '춤추다', '평화'라는 국제 수화가 나와요. 이 수화 댄스는 청각 장애인과 비장애인 모두에게 환호를 받으며 전 세계인을 음악으로 하나가 되게 했어요. 간단한 국제 수화를 배워 〈퍼미션 투 댄스〉에 맞춰 춤을 춰 봐요.

즐겁다
엄지손가락을 펴고 나머지 손가락을 반쯤 구부린 채 몸을 긁는 듯한 동작

춤을 추다
한 손바닥을 무대 삼아 다른 손의 두 손가락을 좌우로 움직이는 동작

평화
두 손으로 브이(V)를 만드는 동작

안녕하세요
오른 손바닥으로 주먹 쥔 왼팔을 쓸어내리는 동작

만나서 반가워요
양쪽 검지를 펴서 마주 보게 세웠다가 중앙으로 모아 마주 대는 동작, 두 손을 약간 구부려 양쪽 가슴 앞에 대고 위아래로 엇갈리게 움직이는 동작

우리 모두를 위한
착한 무역

9
소비문화

나는 장보기 달인

공정한
측정 기준을
어떻게 만들까요?

4-2 사회　필요한 것의 생산과 교환
3-2 수학　들이와 무게
4-1 과학　물체의 무게

우리 지역과 다른 지역의 물자 교환 및 교류 사례를
통해 지역 간 경제 활동이 밀접하게 관련되어 있음을
탐구한다.

들이를 나타내는 표준 단위의 필요성을 인식하여
1L와 1mL의 단위를 알고, 이를 이용하여
들이를 측정하고 어림할 수 있다.

1L와 1mL의 관계를 이해하고 실생활에서
문제 상황을 통해 들이의 덧셈과 뺄셈을 이해한다.

무게를 나타내는 표준 단위의 필요성을 인식하여
1g과 1kg의 단위를 알고, 이를 이용하여 무게를
측정하고 어림할 수 있다.

합리적이고 지혜로우며 환경을 생각하는
소비자가 되는 방법을 알 수 있다.

우리 모두를 위한 착한 무역

사회

서로 필요한 것을 바꿔요

얼마 전 우리나라에서 애니메이션 캐릭터를 상표로 만든 빵과 띠부띠부씰 열풍이 불었어요. 띠부띠부씰은 빵 봉지에 들어 있는 캐릭터 스티커인데, 떼고 붙이기를 여러 번 할 수 있어서 띠부띠부씰이라는 이름으로 불려요. 빵을 사 먹고 그 안에 든 스티커를 종류별로 모으는 것이 꽤 유행이었죠. 띠부띠부씰을 모을 때 만약 내게 없는 캐릭터를 친구가 가지고 있거나, 친구에게 없는 캐릭터를 내가 가지고 있으면 어떻게 할까요? 친구가 원하는 캐릭터와 내가 갖고 싶은 캐릭터를 맞바꾸면 돼요. 돈으로 사고파는 것이 아니라 물건과 물건을 직접 맞바꾸는 것을 **물물 교환**이라고 해요.

물물 교환은 아주 오랜 옛날부터 물건을 교류하는 방식이었어요. 옛날의 물물 교환은, 내게 쌀은 있지만 콩이 필요하고 상대방은 콩이 있지만 쌀이 필요할 때 서로 원하는 물건을 맞바꾸는 형태였어요. 또 일을 해 주는 대가로 밥을 얻는 식으로 노동력과 삯을 교환하는 품앗이 같은 형태였어요. 하지만 오늘날에는 자신에게 필요 없는 것을 필요한 사람에게 팔거나 제공하는 형태로 범위가 넓어졌어요.

다양한 중고 물품을 사고파는 곳을 벼룩시장이라고 해요. 벼룩시장에는 전문 상인이 물건을 팔기도 하지만 일반인도 물건을 팔아요. 자신이 쓰지 않는 물건을 내놓거나 직접 만든 물건을 가져와서 팔기도 해요. 19세기 유럽에서 시작된 벼룩시장은 오늘날 관광 상품으로 개발되어 일반 시민뿐만 아니라 많은 관광객이 들르는 명소가 되었어요.

요즘엔 인터넷으로 연결된 전 세계 사람들이 온라인 중고 장터를 통해 물물 교환을 하는 사례도 늘었어요. 실제로 한 미국 여성이 머리핀 하나로 시작해 1년 6개월간 스물여덟 번의 물물 교환 끝에 내 집 마련에 성공한 일이 뉴스에 나왔어요. 미국 캘리포니아주에 사는 데미 스키퍼

는 SNS에 '머리핀 하나로 집 얻기 프로젝트'를 시작하겠다고 알렸어요. 여러 온라인 사이트에 머리핀을 올려 물물 교환을 시도했고 끈질긴 노력 끝에 머리핀은 귀걸이로, 귀걸이는 유리잔으로, 유리잔은 진공청소기로 교환했고, 점차 스노보드, 헤드셋, 노트북, 카메라, 스마트폰, 푸드 트럭, 다이아몬드 목걸이, 실내 자전거, 자동차 등으로 교환한 끝에 결국 집까지 구할 수 있었어요.

데미 스키퍼가 물물 교환하는 과정은 결코 쉽지 않았어요. 물건을 교환할 때 물건 가치에 대한 의견 차이가 생기기 때문이에요. 또 교환하려는 물건 가치를 상대방이 낮게 정하거나 그 반대일 때 거래가 성사되기 어렵겠죠. 물건에 따라서는 운송과 보관 문제도 있어요. 실제로 데미 또한 처음 머리핀을 교환할 때에 비해 실내 자전거를 교환할 때 물건 운송에 어려움이 더 컸어요.

생산자와 소비자 모두를 위한 무역

옛날부터 사람들은 물건을 교환하는 여러 가지 방법을 생각했어요. 처음에는 조개껍데기, 소금, 쌀, 콩 등 물품 화폐를 정해 값을 치렀죠. 하지만 물품 화폐는 상할 염려가 있으며 들고 다니기 불편했기 때문에 금이나 은 등으로 금속 화폐를 만들어 사용했어요. 이후 동전, 지폐, 수표처럼 더욱 편리한 지불 수단이 등장했답니다. 오늘날에는 신용 카드, 전자 화폐 등 편리한 지불 수단이 더욱 다양해요.

물물 교환 시대에서 필요한 물건을 화폐로 교환하는 시대로 발전하면서 물건을 판매하는 형태도 다양해졌어요. 필요한 물건을 구하기 위해 생산지까지 직접 가지 않아도 마트, 편의점, 대형 할인점, 백화점 등 가까운 가게에서 원하는 물건을 쉽게 살 수 있어요. 매일 먹는 밥이 식탁까지 어떤 과정을 거치는지 한번 생각해 볼까요? 먼저 쌀을 생산하는 농부(생산자)에게 적당한 가격을 주고 도매업자가 쌀을 사요. 도매업자는 이윤을 남기고 중간 도매업자에게 그 쌀을 팔죠. 중간 도매업자는 다시 쌀을 소매업자에게 팔고 소매업자는 슈퍼, 마트, 대형 할인점 등 자신의 가게에 쌀을 진열해요. 그러면 소비자가 가게에 진열된 쌀을 구입하죠.

쌀이 생산자에게서 소비자로 가는 동안 거치는 유통 단계가 많을수록 생산자, 도매업자, 중간 도매업자, 소매업자 모두 이윤을 남겨야 해서 그만큼 쌀 가격이 비싸요. 유통 단계를 줄일 수 있다면 자연히 값도 낮아지고 소비자 부담도 줄겠죠. 생산자와 소비자가 직접 거래하는 직거래 장터, 농산품이 생산된 지역과 가까운 지역에서 판매하는 로컬 푸드 매장을 이용해 알뜰하게 소비하려는 사람들이 최근 늘고 있어요.

나라와 나라 사이에도 물건을 사고파는데 이를 **무역**이라고 해요. 무역에서도 유통 구조 문제로 생산자와 소비자가 어려움을 겪곤 해요. 대표적인 물품이 커피예요. 전 세계적으로 커피 소비가 늘면서 커피 농장 농민은 하루 열두 시간 넘게 고되게 일해도 고작 3,000원 남짓 돈을 번다고 해요. 한국 커피 한 잔 값이 평균 6,000원이라고 생각하면 정말 적은 임금이죠. 일부 글로벌 기업은 농민이 수확한 커피를 저렴한 값에 사서 소비자에게는 비싸게 판매하는 방식으로 큰 이윤을 남겨요. 힘들게 커피 농사를 짓는 농민은 제대로 된 값을 받지 못하고, 소비자도 비싸게 사 먹어야 하니 생산자와 소비자 모두 큰 손해를 보는 셈이죠.

공정 무역은 생산자인 농민에게 공정한 대가를 지불하고, 소비자에게는 질 좋고 신뢰할 수 있는 상품을 판매하는 방식이에요. 요즘에는 농민에게 정당한 임금을 지불하고, 농장에 복지 시설을 마련하는 기업이 늘고 있답니다. 공정 무역 거래에 관심 갖고 공정 무역 상품을 적극적으로 소비하는 현명한 소비자도 점차 늘고 있다니 참 반가운 소식이에요.

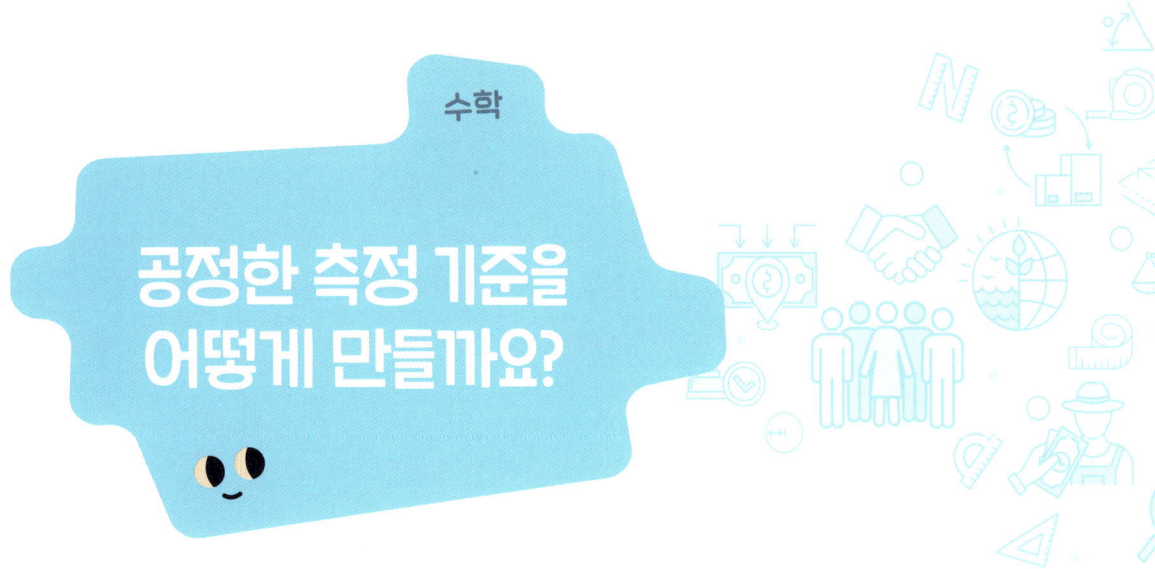

합리적이고 현명한 소비

우리 주변에는 동네 슈퍼부터 편의점, 대형 할인 마트처럼 다양한 가게가 많아요. 가게 규모가 클수록 진열된 물건 종류도 많고, 같은 종류라도 다양한 상표의 물건이 경쟁하듯 나란히 진열되어 있어요. 흰 우유만 보더라도 종류가 다양해서 무엇을 사야 할지 망설여지죠. 우유를 고를 때 어떤 점을 고려하면 좋을까요?

양과 맛에 큰 차이가 없다면 가격이 저렴한 우유를 사는 것이 합리적이에요. 진열된 우유는 250mL, 500mL, 800mL, 1000mL, 1.5L 등 용기에 따라 담긴 양이 달라요. 하나를 사면 하나를 더 주는 행사 상품까지 있다면 머릿속이 복잡하죠. 이럴 때 상품의 **단위당 가격**을 비교하면 좋아요. 단위당 가격은 무게인 그램(g)당, 또는 액체의 부피인 밀리리터(mL)당 가격을 말해요. 상품 가격표를 보면 단위당 가격이 표시되어 있는데, 이것을 잘 살펴보면 같은 양일 때 어느 우유가 더 저렴한지 알 수 있어요.

그렇다면 무조건 단위당 가격이 가장 싼 물품을 사야 현명한 소비일까요? 아니에요. 양이 많은 상품일수록 단위당 가격이 저렴하니까요. 과자 한 봉지 가격이 1,000원인데 두 봉지를 묶어서 파는 과자 가격이 1,500원이면 두 개를 사야 저렴해요. 한 봉지씩 두 개를 사는 것보다 묶음 상품을 사면 500원이나 싸게 살 수 있어요. 그러나 값어치 외에 조금 더 얹어 주는 '덤'이라는 말에 마음을 빼앗겨서 필요하지도 않은 물건을 사기 쉬워요. 값이 싸다고 해서 계획한 양보다 더 많이 구입하는 것은 현명한 소비라고 할 수 없어요.

현명한 소비란 물건을 싸게 많이 사는 것만을 뜻하지 않아요. 필요한 것 이상 소비하면 쓰레기가 많이 나와요. 물건을 포장하는 데 드는 비용과 쓰레기 처리 비용, 나아가 환경 보호 비용까지 고려하면 더 비싼 값을 치르는 셈이에요. 지금도 지구 곳곳에 쓰레기가 넘쳐서 매우 심각해요.

물건을 포장하거나 담는 포장재는 대부분 비닐이나 플라스틱이에요. 플라스틱은 생산하는 데 5초 걸리고 사용하는 데 5분 걸리는데, 분해되는 데는 최소 500년이 걸린다고 해요. 눈에 보이지 않을 정도로 작은 미세 플라스틱은 완전히 분해되지 않고 땅과 바다, 공기 중에 떠돌다가 음식이나 미세 먼지를 통해 다시 사람 몸속으로 들어와 건강을 위협해요.

오스트레일리아의 한 대학에서 연구한 보고서에 따르면 사람은 매주

0~1mm 입자 크기의 미세 플라스틱 조각을 2,000개 정도 삼킨대요. 무게로 환산하면 일주일에 5g짜리 신용 카드 한 장을 먹고, 한 달 동안 21g짜리 칫솔 한 개씩 삼키는 셈이죠. 우리는 연간 250g의 미세 플라스틱을 먹어요. 따라서 물건을 살 때는 품질이 좋고 가격이 저렴한 물건도 좋지만 내게 꼭 필요한 물건인지, 꼭 필요한 양인지 생각해서 과소비하지 않도록 노력해야 해요. 물건의 생산부터 포장 단계까지 환경을 생각하는 기업의 물건을 구입하는 것도 현명한 소비를 하는 방법이에요.

단위 기준을 통일하라!

오늘날에는 그램, 리터 등 공통의 단위를 사용하지만, 옛날에는 물건에 따라 무게나 부피, 양을 세는 단위가 모두 달랐어요. 단위는 어떻게 생겨났을까요? 농경 시대로 접어들면서 필요한 물건을 물물 교환하거나 사고파는 일이 늘었어요. 물건을 파는 사람은 제값을 받고 싶어 하고 사는 사람은 더 싸게 사려고 하면서 모두가 손해 보지 않게 물건의 가치를 정확히 비교하는 일이 중요해졌죠. 그래서 물건을 측정하는 기준이 생기기 시작했어요. 처음에는 우리 몸으로 측정 기준을 만들었어요. '한 뼘', '한 아름', '한 짐', '손톱만 하다', '손바닥만 하다', '손가락만 하다', '주먹만 하다', '사람 머리만 하다'처럼 사람 신체 부위를 측정 기준으로 삼았어요. '내 코가 석 자'라는 속담에 나오는 '자'는 손을 폈을 때 엄지손가락 끝에서 가운뎃손가락 끝까지 길이에서 비롯했는데, '척(尺)'이라고도 해요. 고대 문명 발상지 중 하나인 이집트와 메소포타미아에는 '큐빗(cubit)'이라는 길이 단위가 남아 있어요. 현재 기록으로 가장 오래된 단위예요. 큐빗은 팔을 구부렸을 때 팔꿈치에서부터 가운뎃손가락 끝까지 길이를 뜻해요. 영국에서는 피트, 인치, 야드라는 단위를 썼어요. 피트는 영국 왕 헨리 1세의 발 크기를 기준으로 정했대요. 대개 어른 남자의 발 크기를 기준으로 발뒤꿈치에서 엄지발가락 끝까지의 길이예요. 인치는 엄지손가락 첫 마디 길이를, 야드는 팔을 뻗었을 때 몸 중심에서 손가락 끝까지의 길이예요.

하지만 신체 크기가 사람마다 달라 같은 물건이라도 측정이 제각각이어서 정확한 비교 기준이 될 수 없었어요. 물건 가치를 더 정확하게 나타내려면 공정한 측정 기준이 필요했죠. 조선 시대 세종 대왕은 지역마다 다른 길이·넓이·부피·무게 등의 단위를 정비하기 위해 박연이라는 관리에게 정확한 측정 기준을 만들도록 했어요. 이를 도량형 통일이라 하는데, 물건 길이를 재는 '자', 부피를 재는 '되', 무게를 재는 '저울'을 정리해 제대로 갖추는 일이죠. **도량형**은 길이(도, 度)와 부피(량, 量), 무게(형, 衡)를 재는 기구나 단위 재는 법을 말해요. 쌀이나 콩처럼 곡식을 사고팔 때

'홉', '되', '말'이라는 단위를 썼어요. 홉, 되, 말은 곡식이나 가루, 액체를 측정할 때 부피를 재는 단위인데, 그릇을 말하기도 해요. 홉은 한 줌 정도이고, 되는 두 손으로 움켜잡은 양인데 사각형 모양의 나무 그릇에 담는 양이에요. 한 홉의 열 배 정도가 한 되고, 한 되의 열 배는 한 말이에요.

도량형을 통일하고 단위를 정비하려는 노력에도 불구하고 단위 그릇인 홉과 되의 크기가 지역마다 달랐기 때문에 물건을 사고팔 때 혼란은

여전했어요. 오히려 그릇 크기를 조금씩 달리하여 속이는 일도 많았어요. 어떤 마을에서 파는 한 되의 양과 다른 지역에서 파는 한 되의 양이 다르면 물건을 사고팔 때 다툼이 발생해요. 그래서 조선 시대에는 암행어사가 놋쇠로 만든 표준 자인 '유척'을 들고 다니며 도량형이 기준에 맞는지 감시하기도 했어요.

나라 사이의 무역이 증가하면서 세계 각국은 국제적으로 통일된 단위가 필요했어요. 옛날부터 사용하던 도량형은 점차 사라지고 **미터법**을 사용하게 되었죠. 미터법은 길이를 나타내는 미터(m), 부피를 나타내는 리터(L), 무게를 나타내는 킬로그램(㎏)을 기본 단위로 하는 도량형 단위로 1789년 프랑스 대혁명 이후에 만들었어요. 당시 프랑스에는 800개 이름으로 25만 개나 되는 단위가 쓰였다고 하니, 나라 간 무역과 도시 간 공정한 거래를 위해 단위를 통일할 필요가 있었죠.

한국도 미터법을 쓰고 있어서 어느 곳에서든 같은 단위로 정확히 측정해 물건을 거래해요. 서울에서 파는 쌀 10㎏과 제주도에서 파는 쌀 10㎏의 무게가 같으니 가격을 비교해 살 수 있죠. 공정한 거래와 현명한 소비는 길이, 무게, 부피 단위 기준이 통일되었기 때문에 가능한 일이에요. 이제 물건을 살 때 상품 정보에서 물건의 길이, 무게, 부피 단위를 꼭 눈여겨보고 여러 물건을 비교해 구입하는 현명한 소비자가 되기로 해요.

지구 환경을 위한 아나바다 실천

아나바다는 '아껴 쓰고, 나눠 쓰고, 바꿔 쓰고, 다시 쓴다'는 뜻이에요. 아나바다를 실천하는 생활 습관을 기르면 쓰레기를 줄이고 지구 환경을 보호하는 데 큰 도움이 돼요. 집 안을 둘러보세요. 쓰지 않는 물건을 정리해 아나바다 장터 물품 목록을 작성해 봐요.

✦ 무엇을 아껴 쓸까?   ✦ 어떻게 아껴 쓸까?

전기   안 쓰는 전기 제품 플러그를 뺀다.

✦ 무엇을 나눠 쓸까?

✦ 어떻게 나눠 쓸까?

✦ 무엇을 바꿔 쓸까?

✦ 어떻게 바꿔 쓸까?

✦ 무엇을 다시 쓸까?

✦ 어떻게 다시 쓸까?

소리는 어떤
작용을 할까요?

마음을 편안하게
만드는 백색 소음

층간 소음을
줄여요

10
이해와 배려

마음을 움직이는 소리

3-2 과학　소리의 성질
3-2 사회　시대마다 다른 삶의 모습
4-2 사회　촌락과 도시의 생활 모습
4학년 음악　주변의 소리 탐색하기

여러 가지 물체에서 소리가 나는 현상을 알고,
소리가 나는 물체는 떨림이 있음을 이해할 수 있다.

소리의 세기와 높낮이에 따라 느낌이 다름을 알고,
생활 속에서 이용됨을 이해할 수 있다.

옛날과 오늘날의 주거 형태와 생활 모습을 비교하여
그 변화상을 탐색할 수 있다.

촌락과 도시의 공통점과 차이점을 비교하고,
각각에서 나타나는 문제점과 해결 방안을
탐색할 수 있다.

주변의 소리를 탐색하여 다양한 방법으로
표현할 수 있다.

층간 소음을 줄이기 위한 방법을 알고
실천할 수 있다.

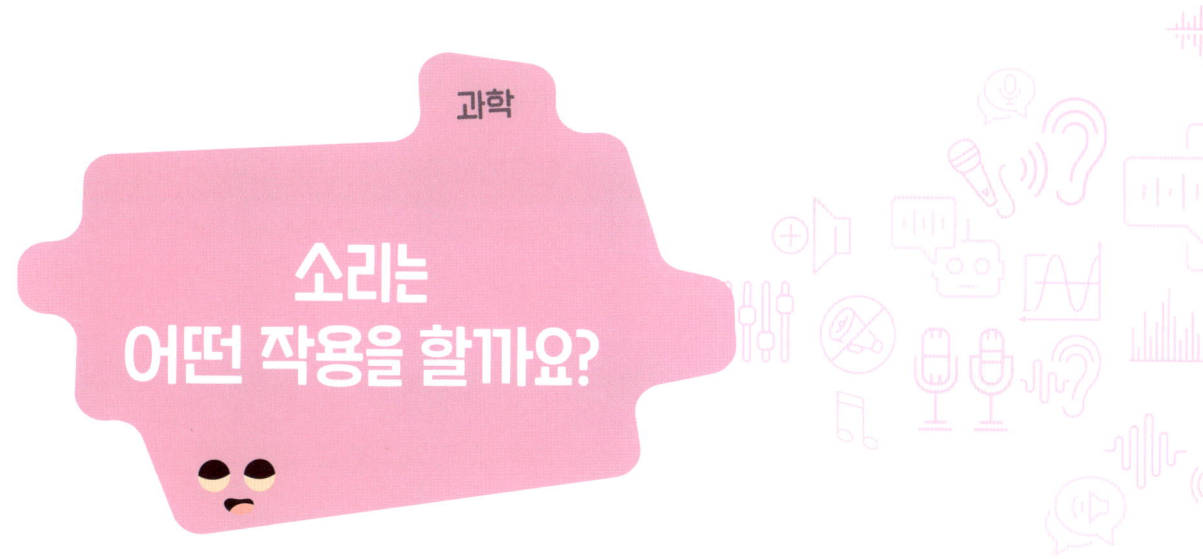

자장가를 들으면 잠이 오는 이유

'잘 자라, 우리 아가. 앞뜰과 뒷동산에 새들도 아가 양도 다들 자는데' 자장가 노래를 들으며 잠이 솔솔 와요. 이 외에도 '잘 자라, 잘 자라. 노래를 들으며……'로 시작하는 슈베르트의 〈자장가〉, '잘 자라, 내 아기, 내 귀여운 아기'로 시작하는 브람스의 〈자장가〉, '반짝반짝 작은 별, 아름답게 비치네'로 시작하는 〈작은 별〉, '엄마가 섬그늘에 굴 따러 가면'으로 시작하는 〈섬집 아기〉 등 많은 자장가가 있어요. 자장가를 들으면 왜 잠이 올까요? 자장가는 보통 3박자나 4박자예요. 자장가의 단조로운 박자가 엄마 배 속에서 듣던 심장 박동과 혈액에서 나오는 진동 소리와 비슷해서 안정감과 편안함을 느끼기 때문에 아기들이 자장가를 들으며 깊은 잠에 빠져들죠.

어떤 물체가 움직일 때 발생하는 공기의 진동(떨림)이 퍼져서 우리 귀에 들리는 것을 **소리**라고 해요. 반대로 우리가 '아' 하고 목소리를 내면 성대가 떨리고 이것이 공기를 통해 퍼져요. 이때 공기처럼 진동을 퍼뜨리는 물질을 **매질**이라고 해요. 공기뿐만 아니라 물, 실, 용수철, 유리,

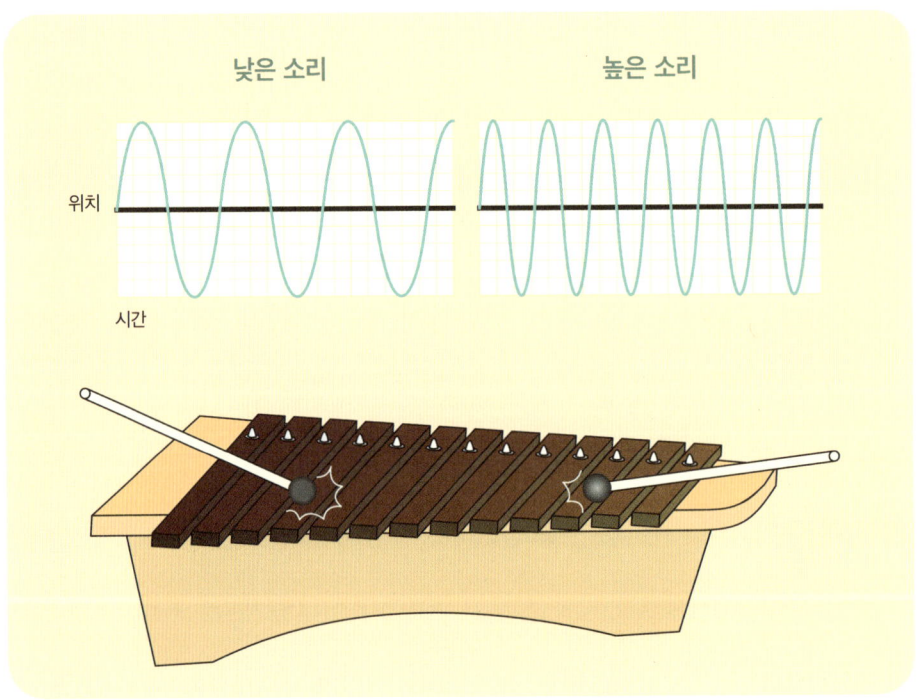

나무, 흙 등 소리를 전달하는 매질은 매우 다양해요. 공기를 통해 우리 귀까지 전해 오는 소리의 떨림을 **파동**이라고 하는데, 파동은 물체마다 고유의 진동수(주파수)를 갖고 있어요. 1초 동안 공기가 몇 번 진동하는지를 나타내는 것을 **진동수**라고 해요. 진동수에 따라 소리 높낮이가 달라요. 실로폰은 길이가 짧은 막대가 긴 막대보다 높은 소리가 나는데, 막대가 짧을수록 공기가 진동하는 간격이 짧아서 높은 소리가 나요. 같은 시간에 진동수가 많을수록 높은 소리가 나고, 진동수가 적을수록 낮은 소리가 나죠. 자장가는 대부분 음이 낮고 느린 박자로 구성되는데 자장가의 낮은 노랫소리가 심리적 안정감을 주어 편안한 잠을 자는 데 도움이 된다고 해요.

위급한 상황을 알리는 소리

'잠귀가 밝다'는 속담에서도 알 수 있듯이 사람의 청각은 잠잘 때도 예민하게 작동해요. 자다가 들리는 소리에 깜짝 놀라 깬 경험을 떠올려 보세요. 청각은 인간의 생존과 관련이 깊어서 매우 민감해요. 잠자는 동안 위험을 재빨리 알아채서 대처할 수 있도록 한 동물적인 생존 본능이죠. 그래서 사람들은 큰 소리를 무서워하고 예상치 못한 소리에 깜짝 놀라요. 상황에 따라 고유 진동수를 가진 소리를 통해 우리는 다양한 정보를 얻기도 해요.

  소리는 위급함을 알리는 수단이기도 해요. 깜짝 놀라거나 위험한 상황에 놓였을 때 사람이 지르는 비명의 진동수는 평소 대화할 때 진동수보다 30배 정도 빨라서 높은 소리가 나요. 도로에서 자동차 경적에 깜짝 놀라는 것도 빠른 진동수 때문이에요. 신호등이 있는 횡단보도를 건널 때 보행자 신호가 끝날 즈음 띠리리릭, 띠리리릭, 짧고 높은 소리가 나는 것도 보행자의 마음을 조급하게 해서 걸음을 빨리 재촉하도록 유도하는 거예요.

  소방차, 경찰차, 구급차는 위급 상황을 빠르게 알리기 위해서 사이렌을 울려요. 소방차는 삐요오오오옹 길게 소리를 내고, 경찰차는 삐용, 삐용, 위용, 위용 좀 더 빠르게 소리를 내요. 구급차는 삐-뽀-삐-뽀 하며 급히 병원으로 가야 할 환자가 있음을 알려요. 이런 소리를 듣고 위급함을 알아차린 운전자들은 차를 길 가장자리에 세우거나 비켜서 소방차나 구급차가 먼저 지나갈 수 있도록 해요. 민방위 훈련 중 울리는 사이렌 소리는 에에에에엥 하며 상당히 길고 크게 울려서 사람의 마음을 긴장시켜요. 띠리리리리리링 화재 경보 비상벨 소리도 아주 높고 커서 가슴을 콩닥콩닥 뛰게 하고 벌떡 일어나 바깥으로 뛰쳐나가게 만들죠.

  소리는 위급한 상황을 알리는 역할뿐만 아니라 위험 상황을 미리 예

방하는 데도 활용해요. 수도권 제1순환도로와 중부 고속도로, 청원-상주 간 고속도로에는 자동차 과속을 막기 위해 차가 달리는 방향에 수직으로 미끄럼 방지용 홈을 파 놓았는데 이것을 그루빙이라고 해요. 자동차가 그루빙 도로 위를 달리면 드르륵 하면서 차가 크게 떨려요. 이때 거친 소리와 진동에 운전자는 긴장해서 속도를 줄이게 돼요. 그루빙은 과속으로 발생할 수 있는 교통사고를 예방하는 데 큰 도움이 돼요.

그루빙의 홈 간격을 좁거나 넓게 조절하면 진동수가 달라지면서 음의 높낮이를 만들어 낼 수 있어요. 홈 간격이 10.6cm일 때는 '도' 음, 9.5cm일 때는 '레' 음, 8.4cm일 때는 '미' 음이 나는데, 이 원리를 이용해 간단한 멜로디를 만들 수 있어요. 고속도로를 지날 때 어디선가 들리는 동요 소리를 들은 적이 있다면 그루빙이 만들어 낸 멜로디랍니다. 수도권 제1순환도로에는 동요 〈비행기〉가, 청원-상주 간 고속도로에는 〈자전거〉 노래가 울려 퍼지도록 진동수를 조절했어요. 운전 중에 노래가 들리면 졸음이나 지루함을 쫓을 수 있고, 주의력이 환기되어 교통사고도 줄일 수 있다고 하니 일석이조죠.

사회

층간 소음을 줄여요

우리는 아침에 눈뜨면서부터 밤에 잠들 때까지 많은 소리를 들어요. 새소리, 자동차 소리, 신호등 소리 등 한순간도 소리 없이 살 수가 없죠. 사람이 사는 환경을 좀 더 자세히 구분하면 촌락과 도시로 나눌 수 있어요. **촌락**은 농촌, 어촌, 산지촌처럼 자연환경이 도시보다 많고 자연환경을 이용해 사는 지역을 말해요. 촌락과 도시의 모습이 다르듯 각각 사는 환경에 따라 들리는 소리도 조금씩 달라요. 농촌에서는 소나 닭, 돼지 등 가축 울음소리, 농기계 소리를 들을 수 있어요. 어촌에서는 배 출항하는 소리, 파도 소리 등을, 산지촌에서는 새소리, 숲속에서 나무 흔들리는

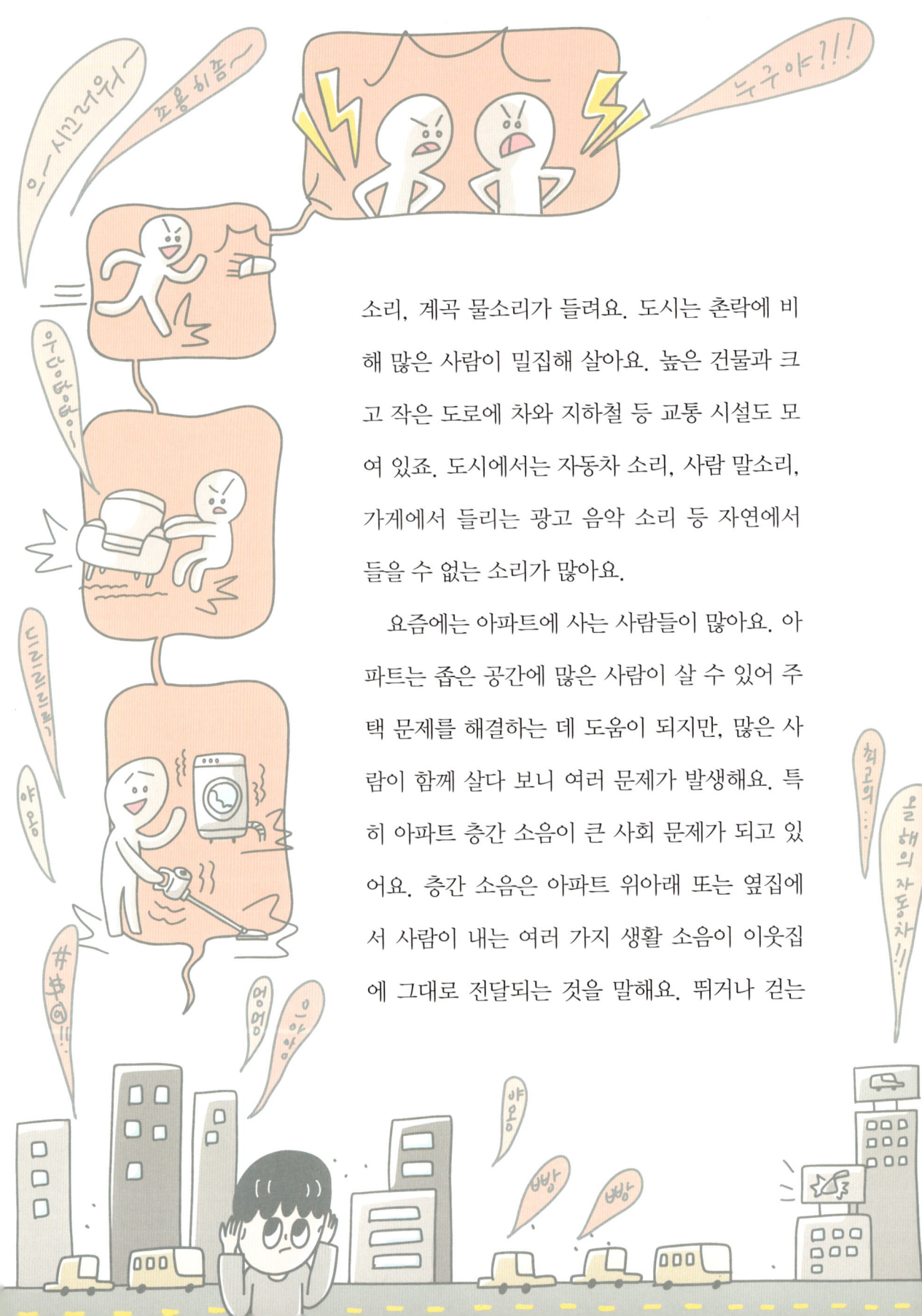

소리, 계곡 물소리가 들려요. 도시는 촌락에 비해 많은 사람이 밀집해 살아요. 높은 건물과 크고 작은 도로에 차와 지하철 등 교통 시설도 모여 있죠. 도시에서는 자동차 소리, 사람 말소리, 가게에서 들리는 광고 음악 소리 등 자연에서 들을 수 없는 소리가 많아요.

요즘에는 아파트에 사는 사람들이 많아요. 아파트는 좁은 공간에 많은 사람이 살 수 있어 주택 문제를 해결하는 데 도움이 되지만, 많은 사람이 함께 살다 보니 여러 문제가 발생해요. 특히 아파트 층간 소음이 큰 사회 문제가 되고 있어요. 층간 소음은 아파트 위아래 또는 옆집에서 사람이 내는 여러 가지 생활 소음이 이웃집에 그대로 전달되는 것을 말해요. 뛰거나 걷는 소리, 문 닫는 소리, 강아지 짖는 소리, 늦은 시간이나 이른 시간에 세탁기·청소기·운동 기구 사용하는 소리, 화장실과 부엌에서 물 사용하는 소리 같은 생활 소음이 그대로 이웃에 들리면서 이웃 간 다툼이 자주 발생해요.

　윗집, 아랫집, 옆집이 벽과 바닥을 사이에 두고 생활하는 아파트는 소리가 특히 쉽게 전달돼요. 소리는 물체의 진동이 고체, 액체, 기체를 매질로 퍼져 나가요. 그러니 물체가 내는 진동을 줄이거나 멈추게 하면 소리도 작아지겠죠. 슬리퍼나 덧신을 신고 바닥에 매트를 깔면 걸을 때 생기는 진동을 슬리퍼나 매트가 흡수하여 이웃집으로 전달되는 소리를 줄일 수 있어요. 하지만 생활 소음을 완전히 없앨 수는 없으니 서로의 노력이 필요해요. 악기를 연주하거나, 청소기와 세탁기를 돌릴 때는 조용한 밤보다는 낮 시간을 이용한다면 층간 소음으로 발생하는 갈등을 줄일 수 있을 거예요.

　층간 소음 문제는 이웃 간 배려와 이해도 필요하지만, 국가와 사회의 역할도 중요해요. 층간 소음 문제 해결을 위한 캠페인을 활발히 펼치고, 층간 소음 분쟁 해결을 돕는 기관을 운영해야 해요. 공동 주택을 지을 때 바닥 구조 설계 기준과 바닥 충격음 차단 기준을 강화함으로써 층간 소음을 줄이는 노력을 해야 해요.

마음을 편안하게 만드는 백색 소음

최근 인터넷에서는 'ASMR(에이에스엠알)'이 인기예요. ASMR은 주로 청각을 중심으로 뇌를 자극해 심리적 안정감이나 쾌감을 유도하는 감각적 경험을 말해요. ASMR은 일상생활 속 많은 소리 중에서 추억을 떠올리게 하거나 스트레스를 해소해 기분을 전환해 주는 즐거운 소리라고 할 수 있어요. 연필로 글씨를 쓸 때 사각거리는 소리, 바람 부는 소리, 빗소리, 종이 찢는 소리, 과자 먹는 소리 등 사람들은 각자 경험에 따라 기분이 좋아지는 소리를 찾아서 들어요. ASMR이 유행하면서 '백색 소음'도 관심을 받았어요. 백색 소음은 주파수 성분이 같은 세기로 골고루 분포되어 있는 소리를 말해요. 빗소리, 파도 소리, 계곡물 소리, 바람 소리 같은 자연의 소리가 많죠. 백색 소음은 일정한 주파수 범위로 주변의 소음을 덮는 작용을 해요. 귀에 쉽게 익숙해지기 때문에 사람들은 백색 소음을 불쾌한 소리로 여기지 않을뿐더러, 오히려 집중력을 높인다고 해요. 숲속에서 바람 소리나 새소리를 들으며 편안함을 느꼈던 경험을 떠올려 보세요. 어릴 때 자장가를 들으며 편안하게 잠들었듯 백색 소음도 우리 마음을 편안하게 만드는 음악이라고 할 수 있겠네요.

눈에 보이는 소리

공기 떨림에 의해 들리는 소리의 성질을 이용하면 소리의 움직임을 눈으로 볼 수 있어요. 휴대 전화 스피커와 설탕 가루를 이용해 춤추는 소리를 눈으로 확인해 봐요.

✦ 준비물
휴대 전화나 컴퓨터에 연결해 사용하는 스피커, 설탕 가루 또는 작은 스티로폼 조각, 종이컵

✦ 실험 방법
종이컵에 설탕 가루를 넣은 뒤, 휴대 전화 스피커 위에 올려놓고 음악을 가장 크게 틀어 본다.

✦ 관찰 방법
휴대 전화 스피커 위의 설탕들이 소리에 따라 어떻게 움직이는지 살펴본다.

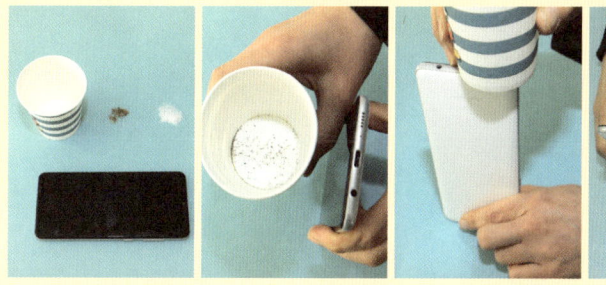

층간 소음 줄이기 캠페인

공동 주택에서 자주 갈등을 빚는 층간 소음이 어떻게 일어나는지 살펴봐요. 층간 소음을 줄일 수 있는 방법을 찾아보고, 이를 바탕으로 캠페인 포스터를 만들어 봐요.

✦ 층간 소음이 발생해요!

- 문 쾅쾅 닫기
- 고함 소리
- 텔레비전 소리나 휴대 전화 벨소리 크게 하기
- 쿵쾅쿵쾅 걷거나 뛰기
- 가구를 끌거나 서랍 세게 닫기
- 저녁 시간에 악기 연주하기
- 밤늦게 샤워하거나 세탁기, 청소기 돌리기

✦ 어떻게 해야 할까요?

✦ 층간 소음을 줄여요!